EL PODER DE LA TIMIDEZ

NADIA FINER

EL PODER DE LA TIMIDEZ

DIANA

Título original: *Shy and Mighty*

Traducción: Laura Mier Carbonell
Formación: Alejandra Ruiz Esparza
Diseño de portada: Planeta Arte & Diseño / Christophe Prehu Mauer
Fotografía del autor: © Jeanette London

Bajo el sello editorial DIANA M.R.
Avenida Presidente Masarik núm. 111,
Piso 2, Polanco V Sección, Miguel Hidalgo
C.P. 11560, Ciudad de México
www.planetadelibros.com.mx

Primera edición en formato epub: agosto de 2023
ISBN: 978-607-39-0409-4

Primera edición impresa en México: agosto de 2023
ISBN: 978-607-39-0466-7

Impreso en los talleres de Litográfica Ingramex, S.A. de C.V.
Centeno núm. 162-1, colonia Granjas Esmeralda, Ciudad de México
Impreso y hecho en México — *Printed and made in Mexico*

Para los callados.

CONTENIDO

HOLA, QUÉ TAL

Los tímidos son el potencial silencioso de cada habitación.

Cuando era pequeña vi una película en blanco y negro llamada *El hombre invisible*. Me espantó de forma terrible y me provocó pesadillas escalofriantes durante años; sin embargo, la idea de ser invisible es muy atractiva para una persona tímida como yo. Imagínate poder escabullirte sin tener que entablar conversaciones triviales ni preocuparte de que te observen. Podríamos estar atentos desde un segundo plano, haciendo nuestras cosas sin que nadie se metiera con nosotros ni nos pusiera en un aprieto. Perfecto.

A falta de una capa de invisibilidad realmente funcional, he tenido que recurrir a medidas alternativas: deslizarme bajo las mesas, meterme entre los arbustos, esconderme en los baños y disfrazarme. Ser tímido puede ser bastante raro.

A los tímidos nos encanta pasar desapercibidos, no nos gusta la confrontación y nos resulta más difícil defendernos que caminar por la cuerda floja con mucho viento.

Cuando tenía ocho años, la señora Moore, mi profesora de primaria, era una reliquia de una época pasada. Era una obsesiva de la escritura que creía que todo el mundo debía escribir con la mano derecha. Estaba convencida de que la escritura, y la vida en general, debían ser rectas y uniformes. Mi letra era como yo: pequeña y rizada. Soy zurda y no conseguía que mi letra fuera recta. Un día estábamos escribiendo cuentos y la señora Moore no estaba contenta, me ordenó que escribiera toda la historia de nuevo, de forma más derecha. Sentía como si estuviera planchando mis rizos y bucles… y mi alma.

No dije nada. Hice todo lo que pude, pero por mucho que lo intenté, no conseguí que mi letra se mantuviera derecha. Tampoco podía enfrentarla, tenía tantas cosas que quería decir, pero no podía hablar, no sabía cómo hacerlo. Aplasté mis sentimientos y me escabullí al baño, donde me escondí durante lo que me pareció una eternidad.

Esconderme y no decir nada, esa era mi solución. De hecho, era la manera en la que afrontaba la vida.

En otra ocasión, en el dormitorio durante un viaje escolar, no podía dormir. «Alguien está roncando», susurraron las chicas cerca de mí.

Sabía que no era yo porque estaba muy despierta.

«Es Nadia».

No dije nada. Me hice la dormida. No podía hablar.

Siguieron hablando de mí. Y siguieron, y yo no podía decir nada, ¡cuanto más tiempo pasaba, más incómodo resultaba!

Pero hasta que realmente me dormí, me quedé en silencio.

Esconderme y no decir nada. Esconderme y no decir nada. Y repetir.

Eso resume la timidez.

Tenía 14 años cuando me di cuenta de que había algo raro en mi voz. Fue en una clase de francés y acabábamos de recibir unas grabadoras. Hablabas por los auriculares y grababas tu voz en la cinta para poder escucharte y comprobar tu pronunciación. A mí me encantaba el francés, a pesar de mi espantoso acento británico, así que me grabé y le di reproducir.

Lo único que oía era a un niño pequeño hablando. ¿Quién demonios era? ¿Y cómo es que decía exactamente lo mismo que yo acababa de mencionar? Tardé un momento en comprender que era yo. ¡¿Pero qué...?! Sonaba como si tuviera cinco años. ¿Cómo no me había dado cuenta antes? ¿Por qué nadie lo había mencionado nunca? Sentí como si mi mundo hubiera implosionado. Estaba destrozada. Era un bicho raro. Si antes era tímida, ahora estaba a punto de pasar al siguiente nivel.

A partir de ese día me prometí mantener mi vocecita en secreto. Esencialmente, le di al botón de silencio de mi vida. En ningún caso me expondría al ridículo público. Si hubiera podido comunicarme solo a través de la mímica, lo habría hecho.

Mi voz sigue siendo perfectamente adecuada para la locución de dibujos animados, como parece que a los desconocidos les encanta señalar con regularidad. (Gracias por eso). Y sonar así me ha hecho sentir cohibida, torpe y tímida en extremo.

Odio las situaciones en las que tengo que hablar, como cuando intenté reservar por teléfono un salón de fiestas con alberca para el noveno cumpleaños de mi hijo. La mujer que me atendió pensó que había robado la tarjeta de crédito de mi madre e intentaba reservar de forma fraudulenta mi propia fiesta de cumpleaños. Aquel incidente me planteó muchas preguntas. Como ¿quiénes son esos niños de nueve años que estafan y cometen fraudes con tarjetas de crédito? ¿En qué mundo vive esta mujer para que esa fuera su primera suposición? ¿Qué tan maleducado tienes que ser para acusar de un delito de cuello blanco a alguien que está intentando darte su dinero? Y... Respira.

A lo largo de los años he evitado muchas cosas. He evitado llamar por teléfono a gente que no conozco, dejar mensajes en el buzón de voz, tener conversaciones difíciles, defenderme, negociar, compartir mis opiniones, decir que sí a las oportunidades. He evitado grabar videos, hacer entrevistas, dar pláticas, presentarme a concursos y exponer mis ideas. ¡La lista es larga!

He llevado mi timidez conmigo como una pesada manta que me frenaba y me mantenía oculta. Arrastrar esta manta no me ayuda a conocer gente nueva, compartir ideas y opiniones brillantes o divertirme como loca. Es desgastante.

Durante años dejé que mi timidez me controlara, me ha aplastado y silenciado y me ha mantenido encerrada en mi propia cabeza. En lugar de apoyarme, la timidez me ha hecho quedarme atrás y ser testigo de cómo otras personas conseguían logros importantes; logros que yo sabía que también era perfectamente capaz de alcanzar.

La vida bajo el manto de la timidez es segura y cálida, pero también es triste y solitaria y aburrida y frustrante. Si eres tímido, te cuesta hablar, transmitir tus ideas y participar. Puedes sentirte como si te estuvieras arrastrando en el fondo de tu propia vida, como si fueras el hombre (o la mujer) invisible.

La timidez es una acosadora.

Y al parecer, no contenta con tener a mi propio acosador viviendo dentro de mi cabeza, también he acogido a acosadores de verdad en mi vida. Me han mangoneado y pisoteado, han traspasado mis límites y me han dejado tirada en el suelo más de una vez.

Como una acosadora, la timidez nos controla y nos aísla, nos hace perdernos de la diversión, de oportunidades, de la amistad y el éxito. Nos perdemos la vida, nos mantiene empequeñecidos, nos hace sentir que no somos lo bastante buenos, que estamos rotos. La timidez también nos hace sentir solos.

Hasta ahora, ser tímida ha sido como pertenecer a una especie de sociedad secreta, tan secreta que ni siquiera sus miembros hablan de ella. Pero no estamos solos, resulta que somos muchos. Aproximadamente la mitad de los seres humanos es tímida. De seguro no lo sabías. Aun así, no hablamos de la timidez, ¡porque somos tímidos!

Durante muchos años no entendí mi timidez, me costaba expresar lo que sentía, o por qué, solo sabía que algunas cosas no eran para mí y que incluso las interacciones básicas podían ser una lucha, desde pedir comida hasta llamar por teléfono. Y por supuesto, tampoco hablaba nunca de mi timidez.

La timidez necesita un cambio de marca

La timidez ha tenido muy mala prensa. Hasta ahora ha sido el pequeño secreto vergonzoso que mantenemos oculto. Admitirlo parece una muestra de debilidad o una falta infantil de habilidades sociales. Pero ¿por qué? ¿Y si en lugar de ver la timidez como un defecto o un fallo de la personalidad empezamos a verla como una fuerza silenciosa? ¿Y si aceptáramos el poder de la timidez? *Porque no estamos rotos.*

La timidez no necesita cura. ¿Cómo puede estar rota la mitad de la población? ¿Por qué debería la mitad de la población cambiar su personalidad para encajar en el ideal de ser extrovertido y seguro de sí mismo? No deberíamos. En lugar de someternos a un trasplante de personalidad, ¿qué pasaría si aprendiéramos a trabajar con nuestra timidez?

Los tímidos tenemos muchas habilidades y talentos. Tenemos, por ejemplo, habilidades detectivescas que nos permiten entender situaciones complicadas; una capacidad de concentración ninja; una empatía asombrosa; un cerebro creativo repleto de ideas y una facultad de escucha muy afinada. Y eso es solo el principio. Si eres tímido, no necesitas arreglo, ni cambiar lo que eres, necesitas ser *más* tú.

El éxito se equipara a la confianza en uno mismo, y las personas consideradas exitosas —las que hablan en público y en televisión, lanzan nuevos proyectos, ascienden, dirigen equipos, organizaciones o incluso países— son retratadas como extrovertidas, cómodas con la visibilidad y la autopromoción. Y como estos atributos no encajan con las personas tímidas, el éxito puede parecernos esquivo.

Pero la timidez puede ser una ventaja. Es racional y sensato querer observar, escuchar y prestar atención antes de lanzarse con todo. Tal vez, en lugar de parecernos más a ellos, los extrovertidos de tipo alfa podrían aprender de nosotros.

Creo que ya es hora de que presionemos el botón de silencio porque, sinceramente, ya hay suficientes voces fuertes y dominantes. Y no hay mucha escucha que digamos.

Liberar el potencial del silencio

En una cultura en la que dominan los extrovertidos, las personas más calladas se quedan, bueno... calladas, y nuestras ideas y pensamientos brillantes se pierden. Las voces más calladas están ausentes de la conversación en los negocios, la política, las organizaciones, las instituciones y la sociedad en su conjunto.

A menos que se sientan seguras y apoyadas, las personas tímidas seguirán escondiéndose y el potencial del silencio de nuestra sociedad permanecerá silenciado.

El mundo necesita una mezcla de personalidades, perspectivas y habilidades para funcionar y hacer las cosas. Si las personas tímidas están infrarrepresentadas en la sociedad, las únicas voces que oiremos serán las que griten.

Necesitamos una gama de voces, no solo las más ruidosas

Por eso decidí escribir este libro, en lugar de esconderme en casa bajo las cobijas, viendo Netflix, con mi perro peludo, Bobby. Para darle voz a la timidez. Tímido y poderoso: ese es el objetivo. ¡El poder de la timidez!

Todos los tímidos son bienvenidos

Este libro es para cualquiera que sea tímido.

Quizá seas un poco tímido a veces, o quizá seas supertímido todo el tiempo. Probablemente no estés seguro de lo que te pasa, pero intuyes que lo tuyo es timidez. Puede que tengas 16 o 60 años. Hombre, mujer o de género no binario. Este libro es para todos ustedes.

No importa si los demás piensan que eres tímido o no. Este libro es para ti. Y créeme, todo el mundo tendrá una opinión sobre tu timidez. Pero adivina qué, vamos a ignorarlas todas. Tu timidez es personal, no tiene nada que ver con nadie más. *Zilch. Zero. Nothing.*

Tal vez no seas tímido, pero quieres entender la timidez para ayudar a las personas tímidas de tu vida. Quizá seas el padre de un niño tímido o trabajes con personas tímidas y tengas la intención de ayudarlas a brillar como las superestrellas que sabes que son. Tal vez seas un aliado de los tímidos. Este libro también es para ti. Así que, hola a todos y cada uno. ¡Bienvenidos!

Acerca de este libro

Soy consciente de que puedo sonar como una experta en futbol, pero este libro tiene dos tiempos o mitades. La primera te ayudará a entender tu timidez: por qué te sientes tímido, qué la causa y el impacto de la timidez en tu cuerpo, tu cerebro y tu vida. Es la psicología de la timidez. Timidología, si lo prefieres.

Los libros de autoayuda llenos de sermones no son lo mío. Tampoco me gustan los libros muy complicados que requieren semanas de estudio o un doctorado para entenderlos. Los mejores libros de autoayuda son certeros, su idea clave puede destilarse en una pepita de oro de brillantez. Cuando dejas el libro recuerdas de qué demonios trataba y habrá una o dos cosas que harás de forma diferente en tu vida.

Por eso, al final de cada capítulo de Timidología te daré un breve resumen: uno o dos puntos clave para que los recuerdes. De este modo, si necesitas un extracto rápido o tienes prisa, puedes ir directamente al grano.

La segunda mitad del libro se enfoca en el poder de la timidez. Nuestro objetivo es pasar de ser invisibles a invencibles. Cada capítulo te ayudará a trabajar *con* tu timidez, dando pequeños pasos para liberar tu potencial, salir de las sombras y vivir una vida más plena. Juntos, vamos a descubrir niveles de poder que no tenías ni idea de que estaban dentro de ti.

Al final de cada capítulo de *El poder de la timidez* hay una Misión Poderosa para que la lleves a la práctica. Estos pequeños pasos se irán acumulando y, con el tiempo, emergerá una versión más poderosa de ti mismo. Pero incluso si solo haces *una cosa* diferente, tu vida será un poco más plena y poderosa en consecuencia.

¿Quieres la versión corta y resumida ahora mismo? Bueno, esto es lo que quiero que te lleves de este libro: los principios clave de la Timidología, nuestro manifiesto, por así decirlo.

EL MANIFIESTO TÍMIDO Y PODEROSO: DE INVISIBLE A INVENCIBLE

- La timidez nos hace sentir aislados, pero no estamos solos.
- La timidez no es un secreto vergonzoso, hazla tuya hablando de ella.
- Los tímidos no estamos rotos, no necesitamos que nos arreglen.
- El ideal de la extroversión no es el óptimo, es hora de adoptar un enfoque más suave y reflexivo.
- Las personas tímidas tenemos cualidades y habilidades únicas, cuídalas y aprécialas.
- La timidez no es debilidad, somos poderosos por dentro.
- Somos el potencial del silencio, el mundo necesita oír nuestras voces.

A lo largo de la obra hay contribuciones de personas tímidas que hablan, a menudo por primera vez, de su timidez. Algunos nombres te resultarán conocidos, y quizá te sorprenda ver que son tímidos, mientras que otros son personas que han sentido que era hora de hablar de su timidez para demostrar que no estás solo.

En mi opinión, cualquier libro que prometa curarte de tu timidez debería ir directamente al bote de basura más cercano. No voy a decirte que cambies tu forma de ser ni que te pongas en evidencia cada vez que abras la boca. Eso sería terrible. Ah, y no voy a sentarme aquí, encaramada a un pedestal brillante, parloteando sobre mi viaje y sobre cómo superé mi timidez y ahora tengo un éxito salvaje… Sé lo irritante que es eso. Además, estaría mintiendo.

Al fundar el movimiento «Tímido y poderoso», escribir este libro y hablar con muchas personas tímidas, he ido desarrollando de a poco mis músculos poderosos, y voy zigzagueando en mi camino hacia ser más poderosa, sin prisa, pero sin pausa.

En mi opinión, eres maravilloso tal como eres, pero si quieres superar ciertos aspectos de la timidez que te frenan y aprender a abrazar su lado positivo, estás en el lugar adecuado. El mejor cambio es uno sencillo que resulte natural.

Así que sigue leyendo, tímido, y manos a la obra.

TIMIDOLOGÍA

CAPÍTULO 1

ESCUELA PARA TÍMIDOS

No quiero parecer una perra, pero la timidez me paraliza por completo.

KEIRA KNIGHTLEY, actriz[1]

Lo primero que ocurre cuando menciono mi trabajo sobre la timidez a la gente es un torrente de preguntas. Y todos esos cuestionamientos pueden parecer un interrogatorio policial con una lámpara de escritorio apuntándome a la cara.

Resulta que la timidez es mucho más controvertida de lo que jamás hubiera imaginado, lo cual, francamente, es muy divertido, dada la naturaleza ligera del tema.

Con frecuencia se malinterpreta a los tímidos. Parece que la gente extrovertida no nos entiende. Para alguien ruidoso y extrovertido, una persona tímida puede parecer arrogante o distante, antipática, desinteresada, aburrida, fría y desconectada. También pueden suponer que somos un poco tontos, que no tenemos nada que decir o que no estamos comprometidos.

---

[1] www.hindustantimes.com/entertainment/keira-is-shy-not-bitchy/story-yEhH-3veVhc8hIEu27g52LO.html.

Al principio de mi investigación sobre la timidez no esperaba que provocara tantas vibraciones extrañas ni tanta incertidumbre, pero la timidez puede ser un pez un poco escurridizo. No es algo que esté claramente definido, que se discuta de manera abierta o que se entienda bien.

Por eso creo que es buena idea aclarar algunas cuestiones antes de empezar. Con un poco de suerte, este capítulo te dará las respuestas básicas a algunas de las preguntas que te hagan, y luego podremos abrazarnos todos y seguir adelante. Además, si alguien te ve leyendo este libro y empieza a criticarte, tendrás algunos argumentos claros a la mano. O si todo lo demás falla, puedes sugerirle que se compre un ejemplar o tan solo utilizar el tuyo para golpearlo en la cabeza, antes de salir corriendo.

Así que reuní las preguntas más frecuentes que me hacen sobre la timidez (tanto los que no son tímidos como los que sí lo son), incluidas algunas de las más controvertidas. Ah, y para reírme un poco, también busqué en internet sobre todo lo relacionado con la timidez, lo cual ha sido cuando menos revelador: Shy FX, Shy Carter, Shy Baldwin, Shy Glizzy... caballos tímidos, vejigas, osos y lobos. ¿Quién iba a decirlo?

Pregunta 1: ¿Qué es realmente la timidez?

He estado leyendo una montaña de libros, informes y artículos sobre la timidez, y resulta que ni siquiera los científicos y los psicólogos se ponen de acuerdo sobre lo que es.

De forma sorprendente, para algo que forma parte de la vida de tanta gente no existe una definición clara. La información es un poco imprecisa y subjetiva, lo que puede explicar parte de la confusión y el malestar asociados a la timidez.

La definición más completa de una fuente oficial es la que ofrece la Asociación Estadounidense de Psicología, a saber:

> La timidez es la tendencia a sentirse incómodo, preocupado o tenso durante los encuentros sociales, en especial con personas desconocidas. Las personas muy tímidas pueden tener síntomas físicos como rubor, sudoración, palpitaciones o malestar estomacal; sentimientos negativos sobre sí mismas; preocupación por la opinión que los demás tienen de ellas; y tendencia a retirarse de las interacciones sociales. La mayoría de las personas siente timidez de vez en cuando. Sin embargo, la timidez de algunas personas es tan intensa que puede impedirles interactuar con los demás, incluso cuando quieren o necesitan hacerlo, lo que puede provocar problemas en las relaciones y en el trabajo.[2]

Cuando nos enfrentamos a algo o alguien nuevo o incierto, la timidez nos hace sentir torpes, incómodos o ansiosos. Tememos ser juzgados y criticados, incluso cuando no lo somos, y nos preocupa no estar a la altura de la versión pulida de la perfección que nos hemos impuesto. Y como no queremos enfrentarnos a esos miedos, nos escondemos. La timidez es una mezcla de vergüenza, humildad y reserva, y puede hacernos quedar mal por mantenernos callados o por quedarnos cortos. También provoca mucha negatividad, tristeza y vergüenza. Puede abarcarlo todo.

La timidez es algo más que un momento fugaz, puede aparecer antes de una interacción o situación, durante ella y también presentarse mucho tiempo después. Es el regalo que no se acaba nunca.

La timidez es como una gran banda elástica que nos frena, nos impulsa a encogernos y escondernos para que nadie nos vea ni nos juzgue. Pero cuando nos retraemos y vivimos encerrados en nosotros mismos, nos perdemos de casi todo.

---

[2] Adaptado de la *Enciclopedia de Psicología*: https://www.apa.org/topics/shyness.

Pregunta 2: ¿Cuál es la diferencia entre timidez y ansiedad social?

El término «ansiedad social» me asusta porque me parece una etiqueta enorme comparada con ser tímido. Suena mucho más clínico.

LEE

La ansiedad social es una versión extrema de la timidez. Se sitúa en la parte más alejada de la escala de la timidez y puede dominar la vida de una persona, impidiéndole realizar todo tipo de actividades cotidianas, como salir con amigos, comer delante de otras personas o utilizar baños públicos. El trastorno de ansiedad social (también conocido como TAS) puede provocar depresión, autolesiones, problemas con las drogas y otras cosas no muy agradables.

No es lo mismo que la timidez, es menos frecuente y más desgastante. Sin embargo, el término «ansiedad social» se ha normalizado, sobre todo en las redes sociales, y cada vez se utiliza más como sinónimo de timidez. Es un tema controversial, así que me pondré mi gabardina y lo investigaremos más adelante en el libro.

Pregunta 3: ¿Las personas tímidas son antisociales?

Es un error común pensar que las personas tímidas quieren evitar los eventos públicos porque son antisociales. Si tu idea de pasarla bien es quedarte en casa platicando con el gato, fantástico. Sin embargo, en realidad los tímidos deseamos divertirnos con otras personas, lo que ocurre es que nuestros miedos y resistencias destrozan nuestro calendario social, y no en el buen sentido.

Antes de dar por hecho que alguien no quiere participar en la conversación porque es un imbécil arrogante, quizá valga la pena considerar que más bien se trata de una persona tímida, que realmente quiere participar, pero que tiene dificultades para hacerlo.

Pregunta 4: ¿Qué es lo contrario de la timidez?

Oficialmente, lo contrario de la timidez es una personalidad extrovertida. También nos vienen a la mente términos como «seguro de sí mismo», «ruidoso», «alborotador», «sin reservas», «estridente» y «extravagante». Las personas extrovertidas son abiertas, amables, locuaces y gregarias, les encanta estar rodeadas de gente, socializar y salir.

Pregunta 5: ¿Qué tan frecuente es la timidez?

La timidez es más común de lo que parece. Como he mencionado antes, aproximadamente 50% de los seres humanos es tímido, aunque los resultados varían de una encuesta a otra y el número exacto cambia dependiendo del país en el que te encuentres, lo que ocasiona que mi *geek* interior se ponga en marcha (por lo tanto, voy a profundizar en esto más adelante). Basta con decir que la timidez no es rara, poco común o extraña, y que no estás solo.

Pregunta 6: ¿Es la timidez igual de común en hombres que en mujeres?

A menudo se considera que la timidez es un rasgo «femenino», y tengo que decir que antes de comenzar a explorar el pantano de la timidez, yo también pensaba lo mismo.

Pero resulta que la timidez afecta tanto a hombres como a mujeres. Sin embargo, la forma en que la percibimos está determinada por el género. Mientras que la timidez en las mujeres puede verse como algo dulce y no amenazador, incluso como un rasgo positivo, a los hombres a menudo les cuesta manejar su timidez porque sienten que repercute negativamente en su masculinidad y atractivo sexual. Buscando en las profundidades más oscuras de internet para saber más, descubrí que entre algunos chicos la timidez es la causa de mucha, mmm, insatisfacción. Gulp.

> La timidez es, por mucho, el peor rasgo posible para un hombre interesado en cualquier tipo de relación íntima con mujeres. Es peor que la incompetencia, el ser detestable, la fealdad y la falta de sentido del humor juntas.[3]

Caray. Esta es otra razón por la que es tan importante que encontremos la manera de trabajar con nuestra timidez y evitar que se vea como una debilidad. Así podremos seguir ligando, trabajando bien y, en general, viviendo nuestra vida sin tener que convertirnos en unos charlatanes.

Pregunta 7: ¿Es la timidez lo mismo que la falta de confianza?

> *Siempre he sido muy tímida. Muy segura de mí misma, pero muy tímida.*
>
> RUTH WILSON, actriz

Con frecuencia se considera que la timidez y la falta de confianza son lo mismo, pero si lo pensamos bien, en realidad son cosas distintas. Es perfectamente posible tener confianza en uno mismo, pero sentir vergüenza de que te vean o te escuchen.

Imagina que te invitan a participar en un concurso y te pasas semanas estudiando a profundidad el tema que elegiste, leyendo todos los libros y artículos que encuentras. Conoces el tema, tienes datos dando vueltas en tu cabeza. Hablamos de un nivel experto. Así que estás

[3] *Shadowdemon, Urban Dictionary*, 29 de marzo de 2005.

muy seguro de tus conocimientos y de tu capacidad para responder correctamente a las preguntas. Si estuvieras haciendo una evaluación en línea, desde la comodidad de tu habitación, con unas pantuflas de peluche, aprobarías el examen, pero la mera idea de hablar ante un público, de estar frente a una cámara, de ser el centro de atención y ser visto por millones de personas, dispara tus niveles de timidez.

La timidez es la tendencia a sentirse incómodo y tímido en situaciones nuevas e inciertas, como salir en la tele. Es miedo a ser visto y juzgado, y no refleja tu confianza en tus conocimientos o capacidades.

Pregunta 8: ¿Cuál es la diferencia entre ser tímido o introvertido? ¿No son lo mismo?

> *Creo que se le da menos importancia al hecho de ser introvertido que al ser tímido. La timidez se ve como algo que hay que «superar», mientras que, si eres introvertido, se considera parte de tu personalidad.*
>
> BEN

Recuerdo que cuando comencé a planear este libro hice esta misma pregunta en un foro en línea para introvertidos. Todo el mundo se ofendió mucho, fue como si hubiera lanzado una granada. Al final tuve que salirme porque los insultos eran bastante fuertes.

Ser tímido e introvertido no es lo mismo, aunque pueden coexistir y a menudo se confunden. Muchas personas tímidas también son introvertidas, y algunos introvertidos también son tímidos. Esta es solo mi opinión, por favor, no me canceles ni envíes popó de perro a mi casa.

Susan Cain, defensora de los introvertidos y autora de *Quiet*, considera que la timidez y la introversión son como primos. Esa idea me gusta, están emparentadas y tienen algunas similitudes, pero no son lo mismo.

Los introvertidos obtienen su energía de la soledad y de su mundo interior. Cuando están rodeados de mucha gente pueden sentirse sobreestimulados y necesitan tiempo para recargarse y recuperarse; por ejemplo, escondiéndose en un clóset o saliendo rápidamente. (¿Sabías que irse de una fiesta sin avisarle a nadie se llama «Salida francesa»? Suena genial, ¿no?).

A los introvertidos les gusta pasar tiempo solos porque disfrutan de su propia compañía (no es un eufemismo) y les agota estar rodeados de gente. Las personas tímidas pueden pasar tiempo a solas, ya sea porque les resulta más cómodo o porque se sienten preocupadas o incómodas con los demás. En una fiesta, los tímidos y los introvertidos pueden estar juntos en la cocina, ayudando a lavar los platos, pero tal vez estén allí por motivos diferentes. Y creo que aquí es donde surge la confusión. Los introvertidos se meten hasta el codo en los platos sucios porque se sienten agotados; los tímidos están allí porque se sienten incómodos con toda esa gente nueva. En cualquier caso, ambos están en la cocina haciendo lo mismo. ¿Qué tal si somos un poco más comprensivos con los demás?

> *A los introvertidos se les presenta como personas que leen, estudian y piensan mucho, por lo que se les considera inteligentes y geniales, mientras que la timidez se ve como una debilidad.*
>
> SINEAD

La timidez es vista como una debilidad por muchos introvertidos que no conectan en absoluto con el concepto de timidez. No se sienten ansiosos, ni torpes, ni temerosos, ni incómodos, se sienten fuertes y seguros de sus preferencias, lo cual explica por qué algunos de ellos se ofendieron cuando empecé a hablar de la timidez.

Me alegro de que la gente celebre su introversión y la haga suya. Es estupendo que haya sudaderas, cuadernos e insignias en abundancia adornando a los introvertidos del mundo. ¿Qué tal si los tímidos empezamos a ser un poco más aguerridos? Hagamos lo mismo: defendámonos a nosotros mismos y a nuestra timidez, en lugar de intentar ocultarla o disculparnos por ella.

Pregunta 9: ¿Existen los tímidos extrovertidos?

Sí, sin duda. Un tímido extrovertido es alguien a quien le gusta socializar y obtiene su energía de estar rodeado de otros, pero que también lucha contra el miedo y la incomodidad. Yo soy la prueba viviente de que ser tímido y extrovertido es posible.

El problema de esta magnífica combinación es que puede ser tremendamente frustrante. Quieres estar afuera haciendo cosas con la gente, pero luchas contra la resistencia. Es como si hubiera una alambrada de púas en el camino, y no estuvieras dispuesto a quedarte atorado. Y ahí es donde aparece la tensión. En realidad, no eres feliz escondiéndote, estando solo y viviendo una pequeña vida, pero para poder divertirte y disfrutar de todas las posibilidades tienes que encontrar la manera de superar tus miedos e inseguridades.

Pregunta 10: ¿Es la timidez una forma de narcisismo?

> *La timidez tiene un extraño elemento de narcisismo: la creencia de que nuestro aspecto y desempeño son realmente importantes para los demás.*
>
> ANDRE DUBUS, ensayista

De acuerdo. Me estoy arremangando y preparando los puños, esta es una de las acusaciones más sorprendentes con las que he tenido que lidiar. Dado que las personas tímidas son calladas y reservadas, parece contradictorio tacharnos de narcisistas. Seguro que gastar tanta energía preocupándote por lo que los demás piensan de ti te convierte en lo contrario de estar obsesionado contigo mismo.

Según el psicólogo australiano Paul Wink, hay dos tipos de narcisismo en los que el individuo se obsesiona con sus propias necesidades. El primero es el tipo de narcisismo más abierto y extrovertido, en el que las personas suelen ser exhibicionistas arrogantes. Luego está el narcisismo encubierto, basado en la vulnerabilidad y vinculado a la introversión, la ansiedad y la actitud defensiva.

Hmmm… Esto me hace sentir incómoda. Lo último que necesitamos los tímidos es tener que lidiar con más vibras negativas. Y tengo que admitir que estuve tentada de borrar esta parte. Sin embargo, cuanto más lo pienso, más me doy cuenta de que obsesionarse con la propia lucha, hablar de ella, pensar en ella, mencionarla constantemente, podría convertirse en una forma de obsesión con uno mismo.

Mi opinión al respecto es que no creo que sea útil preocuparnos sobre algo que la gente pueda o no pensar de nosotros. Al fin y al cabo tenemos que seguir con lo de ser poderosos. Así que, si alguien te menciona la relación entre narcisismo y timidez, puedes agradecerle su aportación, archivar sus comentarios (en el bote de basura) y seguir adelante.

Pregunta 11: ¿Cuál es el signo más tímido del zodiaco?

Esto es un poco extraño, pero, como he dicho, estoy respondiendo a sus preguntas, y esta es una que oigo mucho. Virgo tiene fama de ser el signo astrológico más tímido. Se supone que los virgo se sienten torpes, incómodos y nerviosos en situaciones nuevas y desconocidas. Al más puro estilo tímido, parece que los virgo no hablan sin parar, sino que son más reservados y considerados, y solo dicen algo cuando hay algo que decir. (No obstante, estoy bastante segura de que no todas las personas tímidas nacen entre el 23 de agosto y el 22 de septiembre. Aunque solo me pasé por unos días. Mmmm).

Pregunta 12: ¿Qué es el síndrome de la vejiga tímida?

El síndrome de la vejiga tímida se denomina oficialmente «paruresis», y es cuando te cuesta orinar si hay otras personas mirando o en el baño. Es como si tu orina fuera tímida y no pudiera actuar bajo presión y, en apariencia, es muy común.

Una forma sencilla de solucionarlo, en mi humilde opinión (basada en ningún conocimiento médico), es beber dos litros de agua al día, o dar a luz a un bebé muy grande; o si buscas una solución más cómoda (y menos dolorosa), puedes simplemente intentar cerrar y bloquear la puerta del baño.

Pregunta 13: ¿La timidez es una debilidad?

He visto describir la timidez como una enfermedad, una prisión e incluso una discapacidad. Es duro. Hay que reconocer que no es muy divertido. Ser tímido puede ser un reto y puede complicarte la vida. La escuela, el trabajo y la vida social son más difíciles, no cabe duda. Puedes tener la sensación de que la timidez te controla, te domina y te empequeñece.

Pero ser tímido no significa estar roto, ser débil o estar condenado al fracaso. Sin querer parecer simplista ni cursi, me parece que tenemos dos opciones: dejar que nos venza o intentar buscar lo positivo; aceptar lo que nos hace ser nosotros mismos y trabajar con nuestra timidez.

El hecho de que haya tantas preguntas sobre la timidez demuestra lo mucho que queda por hacer para concientizar y mejorar nuestra comprensión.

¡El conocimiento es poder!

PUNTOS SOBRE LA TIMIDEZ

- La timidez es la tendencia a sentirse incómodo o preocupado en situaciones inciertas o desconocidas.
- La timidez afecta a las personas de diferentes maneras y en diversas situaciones, en distinta medida.
- La ansiedad social es una forma extrema de timidez.
- Ser extrovertido es lo contrario de la timidez.
- ¡La timidez es muy común! Aproximadamente, la mitad de las personas es tímida.
- La timidez es igual de común en hombres que en mujeres, aunque puede afectarles de forma diferente.
- La timidez no significa falta de confianza en uno mismo.
- La timidez está relacionada con la introversión, pero no es lo mismo.

CAPÍTULO 2

BEBÉ TÍMIDO

Los científicos han encontrado el gen de la timidez. Lo habrían encontrado hace años, pero se escondía detrás de un par de genes más.

JONATHAN KATZ, comediante

La idea tradicional de la timidez es que algo difícil o incluso traumático nos ocurrió para que seamos de esta forma. Pero ¿y si no fuera así? ¿Es posible que seamos tímidos desde que nacemos? Decidí investigar. ¿Y qué mejor opción para empezar que un peludito?

El perro Bobby solo tenía unas semanas de nacido cuando lo conocí. Aunque tuve un perro cuando era niña, aquel día una parte de mí se sintió tan ansiosa como si estuviera a punto de comprar un bebé. Por supuesto, nunca compraría un bebé, por múltiples razones, pero ustedes me entienden. Los cachorros aterciopelados estaban todos en un gran corral con su mamá. Una cacofonía de Cavapoos. Eran ridículamente lindos, todos revolcándose, jugando y contoneándose.

Allí de pie, mirando a los cachorros, me enfrenté a la responsabilidad de elegir al nuevo miembro de nuestra familia. Sin presión.

Analicé a los cinco lomitos y me quedó claro que todos eran diferentes. Un par parecían bastante salvajes. Mi marido y mi hijo nunca habían tenido un perro, así que un can fuera de control dando vueltas por la casa podría ser demasiado para ellos. Y entonces, al fondo del corral, vi una bolita de pelos bastante redonda y reservada. Parecía cauteloso, como si estuviera pensando si ir a ver por qué tanto alboroto. Me agaché a saludarlo y dejé que me olisqueara. Antes de darme cuenta, estaba pegado a mis piernas, olfateando, así que lo levanté. Se acurrucó en mi brazo y se quedó dormido… una pequeña lapa peluda. Mi corazón se derritió en un charco en el suelo. Y eso fue todo, llamé a los demás y les dije que vinieran a conocer a nuestro nuevo perrito.

Bobby tiene ahora cinco años y es exactamente igual que ese día, tranquilo y precavido. Cuando juega con otros perros se queda en la parte posterior del grupo, ladrando de vez en cuando para animarlos. No le gustan las peleas, los enfrentamientos ni los ruidos fuertes. Es sensible al estrés y a los disgustos. Si hay cambios hormonales en casa (no los míos, obviamente), se altera y tiembla. Cuando me siento mal se adhiere a mí como si tuviera pegamento y se asegura de que esté bien. Bobs es un amante, no un luchador.

La razón por la que les hablo de Bobby es, en parte, porque soy mamá de un perro, así que puedo estar hablando de él todo el día, pero también porque su naturaleza tranquila forma parte de su esencia. Estoy convencida de que Bobs nació tímido. Cuando lo conocí solo tenía unas semanas de nacido y nunca había salido de casa; estaba con su madre y sus hermanos, no había sufrido nada estresante o traumático, no lo habían obligado a cantar en un escenario ni a leer un poema delante de su clase. Él es como es, y por eso lo queremos.

Pero en lugar de basar mis teorías en un lomito, veamos qué opinan los expertos. Te alegrará saber que han mantenido el tema de los peluditos.

Los científicos han investigado si la timidez forma parte de nuestra personalidad observando a gatitos adorables y peludos, y a monos bebés diminutos. Descubrieron que desde una edad muy temprana alrededor de 15% de los pequeños y esponjosos bichitos se mostraba más indeciso y reservado. Estos tímidos monos y gatitos bebés tenían mayor propensión a estresarse cuando se separaban de sus madres y a ponerse nerviosos cuando conocían a gente o animales nuevos. Llegaron a la conclusión de que, como los peluditos eran tímidos desde pequeños, la timidez formaba parte de su esponjosa constitución genética. ¡Así que Bobs y yo teníamos razón![1]

Pero ¿qué pasa con las personas? Supongo que también tiene sentido fijarse en los seres humanos.

> *Creo que nací tímido, pero mi educación para ser bueno y tranquilo también me frenó. Mi hija no es tan tímida, pero tiene miedo de hacer las cosas mal, aunque le diga que no se preocupe.*
>
> SIMON

Según los científicos, hasta los 18 meses no somos conscientes de que estamos separados de los demás seres humanos. Es entonces cuando se forma nuestro sentido del yo. Y dado que la timidez está vinculada a sentimientos de autoconsciencia y juicio, algunas personas creen que no puede existir antes de esa edad. Esta escuela de pensamiento implicaría que los bebés no pueden ser tímidos.

Sin embargo, si has estado con algún bebé últimamente, estoy segura de que sabrás que algunos se ponen más nerviosos y se asustan más ante personas que no conocen que otros. Algunos bebés lloran cuando son cargados por desconocidos. Algunos parecen más sensibles a la gente nueva y a las situaciones inciertas; otros son más reservados y tranquilos, y están menos dispuestos a dejarse cargar por cualquier adulto que pase o a ser levantados en el aire por cualquier persona.

Yo soy gemela. Mi hermano Ben es 10 largos minutos mayor que yo. Y no, antes de que preguntes, no somos idénticos. (Siempre me

---

[1] J. Kagan, S. Reznick y N. Snidman, «Biological Bases of Childhood Shyness», Agricultural & Environmental Science Database, 8 de abril de 1988, p. 167.

sorprende la cantidad de gente que me lo pregunta; la razón por la que no somos idénticos es sencilla: él es hombre y yo soy mujer, así que no somos iguales en algunos aspectos básicos). En cualquier caso, mi hermano es un buen tipo, muy tranquilo e inteligente. Vive en Canadá con su mujer y sus tres hijos, y le encanta correr, andar en bicicleta y, por alguna razón que no puedo entender, acampar. ¿Por qué les hablo de Ben? Bueno, como parte de mi investigación para este libro, me sometí a hipnosis, y en este punto es donde las cosas se ponen un poco extrañas. Honestamente, esto es tan extraño que ni siquiera puedo creer que lo esté compartiendo, no es algo en lo que alguna vez creería o experimentaría, pero he empezado a darme cuenta de la increíble herramienta que es el cerebro.

Bajo hipnosis presencié el momento en que nací: ahí estaba yo, en la panza de mi madre, y mi hermano se había hartado de estar encerrado, así que se dispuso a salir. (Después de todo, es un aventurero). En mi memoria, incluso le hice un gesto con la mano. ¡Adiós! Me quedé sola y pensé: «No, estoy bien. Creo que me quedaré aquí. Es agradable». Tal vez estaba feliz de tener, por fin, un poco de paz y tranquilidad después de todos esos meses de estar apretujada con mi hermano.

En la sesión recordé la sensación de estar sola, y me gustó. Asimismo, recordé el sentirme a salvo en un ambiente cálido donde nadie podía verme ni alcanzarme. Y eso también me gustó.

Como podrás imaginar, a mi madre no le entusiasmaba la idea de que pasara otros meses allí. Con 1.90 m, creo que ella estaba harta de ser más ancha que alta. Al parecer los médicos también esperaban que saliera, así que pidieron refuerzos y tomaron algo muy parecido a una bomba para destapar inodoros con la que me sacaron a rastras, pataleando y gritando.

No tenía ningún motivo para quedarme. De hecho, uno pensaría que querría estar con Ben, o al menos seguirlo. Literalmente, no había influencias externas en este punto. No experimenté sentimientos de miedo, tan solo no me interesaba mucho salir a la luz, me gustaba la sensación de seguridad que me daba el estar escondida. Aún me gusta. Así que, aunque admito que no se trata de una investigación estrictamente científica, parece que incluso antes de nacer era tímida. Esta experiencia y estos recuerdos me hacen pensar que fui tímida desde el principio y que la timidez es una parte innata de mi personalidad.

El cerebro tímido

> *Mi madre es bastante tímida y mi padre callado; siento que la timidez forma parte de mi personalidad. Siento que nací tímida, que es mi estado predeterminado.*
>
> SARAH

Los científicos han descubierto pruebas de que la timidez forma parte de la estructura de nuestro cerebro. Los expertos en personalidad consideran que la timidez está relacionada con el «temperamento *threctic*», vinculado a un sistema nervioso sensible y excesivamente susceptible a las amenazas y los conflictos.

Nuestro cerebro tiene una especie de gran botón rojo de «ALERTA» que los científicos denominan «sistema de inhibición conductual». Cuando algo malo o aterrador está a punto de sucedernos nuestro sistema nervioso da la alarma. Todo el mundo tiene un botón de alerta, pero varios de nosotros poseemos un sistema de cableado más afinado y sensible. Por eso algunos somos mucho más susceptibles a las cosas que dan miedo, somos más propensos a querer evitar el dolor, el castigo, el miedo y el peligro. En lo personal, creo que es una forma muy inteligente de ser, de modo que Bobby (el perro) y yo estamos predispuestos en ese sentido.

Al parecer las personas tímidas tenemos un montón de cosas químicas en el cerebro que nos hacen ser así. Se ha sugerido que nuestro hipotálamo (una pequeña región en la base del cerebro) es más sensible a los cambios nuevos, aterradores o aleatorios, y que nuestra amígdala es más excitable.

Otra teoría es que nacemos con más norepinefrina, la hormona del estrés, recorriendo nuestro cuerpo. Cuando nuestro cerebro piensa que ha ocurrido algo estresante, la hormona inunda nuestro cuerpo, disparando el flujo sanguíneo y aumentando nuestro ritmo cardiaco, lo que nos hace estar más alerta. Cuando nos asusta una situación nueva, con más norepinefrina zumbando por el cuerpo, nos sentimos más tímidos que alguien con menos norepinefrina.

Hablemos del tono vagal...

... y no, no es un ejercicio para la zona pélvica.

El vago es uno de los principales nervios de nuestro sistema nervioso parasimpático. Baja por el cuello, atraviesa el pecho y desciende hasta el estómago, enviando señales al cerebro para informarle de lo que ocurre en nuestros órganos, siendo su función principal calmarlos. Cuanto más fuerte sea el tono vagal de una persona, mejor podrá calmarse, ralentizar su respiración y su ritmo cardiaco, así como equiparar y regular los niveles de glucosa en la sangre en una situación de estrés. Es otra función corporal que distingue a los bebés desconfiados de los que no lo son. Los bebés y niños con un tono vagal más bajo tienen más probabilidades de ser tímidos.[2]

Los científicos también han descubierto unas asimetrías en el EEG frontal derecho que pueden determinar la timidez, la cautela y la inhibición del comportamiento en nuestra personalidad. Estos patrones cerebrales pueden predecir qué niño pequeño se convertirá en un niño mayor tímido. Han demostrado que los bebés con mayor asimetría frontal derecha relativa son más propensos a retraerse ante el estrés leve, mientras que los bebés con el patrón de activación opuesto son más proclives a acercarse a las cosas que les dan miedo.[3]

---

[2] K. H. Rubin, en *International Encyclopedia of the Social & Behavioral Sciences*, 2001.

[3] Ídem.

¿La timidez está en nuestros genes?

Al igual que yo, mi madre y mi abuelo han tenido que vencer la timidez, así que quizá haya alguna tendencia genética.

AOIFE

Parece que la timidez puede formar parte de nuestra constitución física; es una función de nuestro cerebro. Pero ¿está la timidez en nuestro ADN? ¿Es posible heredar la timidez de los padres, junto con esos ojos brillantes?

En un estudio realizado en 1996, la profesora Cathy Mancini, de la Universidad McMaster en Canadá, estudió a padres con ansiedad social y a sus hijos para ver si los niños también la padecían. Descubrió que 49% de los niños tenía algún tipo de trastorno de ansiedad, un porcentaje muy superior a la media, lo que sugiere que la ansiedad social se transmite de padres a hijos.[4]

La timidez es parte de mi personalidad. Actualmente tengo 67 años, y me tomó hasta los 50 aceptar cómo soy en realidad y no sentirme inferior por ello. Mis hijos son tímidos y retraídos, y uno de mis nietos también lo es. Quiero que sepa que es estupendo tal como es.

ANN

Me preguntaba si mi timidez era hereditaria o si yo era una rareza en mi familia, pero había ciertos indicios. Mi padre se ha interesado especialmente por mi proyecto «El poder de la introversión». Un día descubrí, no por él, sino por algo que dijo mi madre, que mi padre es tímido. No tenía ni idea. Mi papá es un profesor exitoso, ha salido

[4] B. Markway y G. Markway, *Painfully Shy: How to Overcome Social Anxiety and Reclaim Your Life*, St Martin's Press, 2003, p. 34.

en la tele, conoció a la Reina, escribió libros y ha dado conferencias por todo el mundo. ¿Cómo iba a ser tímido?

¿Crees que tuvimos una conversación al respecto? No seas ingenuo. Somos tímidos. Le envié un correo electrónico. Hay que reconocer que él se sintió bastante raro al hablar conmigo de esas cosas, ya que es algo íntimo. Prometí que todo sería confidencial, quitando la parte de publicarlo en mi libro. ¡Cómo nos reímos!

En fin, te toca a ti, papá:

> *Tal vez nací tímido. Creo que mis padres eran tímidos. Mi papá encontró formas de lidiar con ello, pero mi mamá nunca lo logró. Al principio, muchas de mis experiencias de timidez (y todavía, hasta cierto punto) estaban relacionadas con hablar en público. Todavía me cuesta hablar en cualquier situación que se sienta competitiva. «Sienta» es la palabra clave. Pero he aprendido a lidiar con ello al decirme a mí mismo que soy lo suficientemente bueno, que tengo algo interesante o valioso que aportar. Y a veces funciona.*
>
> *Cuando aparece la timidez tengo la sensación de intentar reunir fuerzas para tratar de superarla. Y luego fastidio, por ejemplo, por una oportunidad perdida. Sin duda afectó mis relaciones personales cuando era niño y luego adolescente. No me afectó mucho en la escuela, en el salón, cuando me siento muy seguro de mí mismo, la timidez desaparece. Me perjudicó en mi primer trabajo, y entonces decidí que tenía que afrontarlo, así que en mi segundo empleo me convertí en profesor, lo que me obligó a enseñar y, en cierta medida, a actuar. Esto me impulsó a encontrar la manera de afrontar con éxito el problema.*
>
> *La diversidad es algo positivo en cualquier empresa humana; de lo contrario, tenemos el pensamiento de grupo y una gran probabilidad de que las decisiones no sean*

óptimas porque no se habrán explorado todas las posibilidades. Es fácil que los debates estén dominados por los más ruidosos, y es importante que cualquier líder se asegure de que todas las contribuciones sean escuchadas y tomadas en cuenta.

El genial padre de Nadia, STEVE

Así que la timidez nos viene de familia, y me alegro de que haya salido a la luz; bueno, a través del correo electrónico y de un libro. La timidez está en nuestro cuerpo, cerebro y genes. Para muchos de nosotros ha estado ahí desde el momento en que ese pequeño montón de células empezó a crecer hasta convertirse en nosotros. Si nuestros padres son tímidos, es más probable que nosotros también lo seamos. Y si nacemos tímidos, es más factible que nos convirtamos en niños tímidos y luego en adultos tímidos.

Me rompe el corazón porque mi hijo también es tímido. Hago todo lo que está en mis manos para que su infancia sea mejor que la mía.

AZALIA

¿Eso significa que va a formar parte de nosotros y de nuestra vida para siempre? ¿Deberíamos meternos bajo las sábanas, revolcarnos en el sofá y pedir otra pizza extragrande solo para nosotros?

Por supuesto, debemos querernos tal como somos, pero aferrarnos a la etiqueta de tímidos y abrazarla contra nuestro pecho mientras nos escondemos del mundo no va a ser una forma divertida de vivir. Si queremos, podemos mover la aguja. Podemos ser más fuertes, más valientes y poderosos. Si queremos.

Siempre hay margen para trabajar en nosotros mismos y desarrollarnos. Se trata de comprender nuestra timidez y aprender a trabajar con ella, no de intentar cambiar nuestra personalidad y sustituirla por otra más fuerte. Por eso, este libro no se titula *Tímido*, sino *El poder de la timidez.*

PUNTOS SOBRE LA TIMIDEZ

- Está demostrado que la timidez es un rasgo químico de nuestro cerebro.
- Muchas personas tímidas creen que nacieron tímidas.
- El sistema nervioso de una persona tímida puede ser más sensible a las cosas nuevas, inciertas o que dan miedo.
- La timidez puede estar en nuestro ADN y ser hereditaria.

CAPÍTULO 3

VIDA TÍMIDA

En mi tranquilidad, estaba resolviendo algo.

Keanu Reeves, actor

La experiencia de la timidez es diferente en cada persona. No hay un suéter de la timidez que sirva para todos, con mangas muy largas y holgadas y una gran capucha bajo la cual escondernos. Tu timidez es diferente de la mía, y creo que por eso las personas tímidas pueden resultar difíciles de descifrar para los demás; no encajamos necesariamente en un molde de persona tímida.

La timidez es complicada. Ah, y permíteme que te diga una cosa: no tienes que aprobar un examen ni obtener un certificado que te acredite como persona tímida. Nadie puede decirte lo contrario. Si eres tímido, lo eres, no importa lo que digan los demás.

Es curioso que las personas extrovertidas a menudo parezcan sentir que pueden descartar la timidez, sobre todo si creen que no encajamos en su idea de lo que es una persona tímida. Lo último que necesitamos cuando experimentamos timidez es que alguien nos diga que no somos en realidad tímidos o que simplemente tenemos que superarlo. Puede que tengan buenas intenciones y solo quieran ayudarnos, o puede que estén confundidos porque no somos tímidos todo el tiempo o nuestra timidez no es visible para ellos. O es posible que se sientan incómodos lidiando con las emociones y complejidades de otras personas. O es probable que tan solo no lo entiendan. A menudo, sin embargo, están ocultando sus propias vulnerabilidades y nuestra timidez está desencadenando algo en su interior.

Pero más allá del motivo, cuando alguien minimiza o menosprecia nuestra timidez, está negando y desestimando nuestros sentimientos. Aplastar los sentimientos de alguien no está bien.

Estoy librando una batalla de la que nadie está enterado.
CHARLIE

Además, la timidez puede afectar a las personas de distintas maneras. Hay teorías, argumentos académicos y pruebas en abundancia. Es como si hubiera todo un espectro de la timidez. (Eso sí que sería un diagrama divertido). La más conocida es la prueba de timidez Cheek y Buss.

Nivel 1: Algo tímido

En el punto más bajo de la escala, la timidez puede significar simplemente que eres una persona callada. Puede que te cueste entrar en contacto con gente nueva, que prefieras estar solo o mantenerte alejado de ciertas actividades, como ir a *raves* y estar en contacto con otras 60 000 personas sudorosas. A mí me parece una decisión inteligente. Puede que te sientas un poco incómodo en compañía de gente nueva hasta que entres en confianza, los conozcas y te relajes. Exponerse, dar conferencias o subirse a un escenario puede dar miedo, pero con el apoyo y el ánimo adecuados, uno es capaz de hacerlo. Como mi primer coche, un viejo Rover Metro, necesitas tiempo para entrar en calor. Por eso, cuando te cruzas con alguien nuevo, entablar una conversación trivial puede resultar insoportable. También explica por qué puedes ser ingenioso y relajado con un grupo de amigos que conoces desde hace años.

No afecta a mis relaciones porque me siento cómodo con mi pareja y mis amigos íntimos. Mis amigos cercanos dicen que ni siquiera se dan cuenta de que soy tímido porque soy extrovertido con ellos.

MAX

Nivel 2: Bastante tímido

La timidez de nivel medio es más frecuente y puede ser más limitante. Es posible que te sientas avergonzado y cohibido en una serie de situaciones diferentes y que experimentes una fuerte necesidad de evitar las cosas nuevas e incómodas. Algunas circunstancias habituales que desencadenan la timidez son subirse a un escenario, presentar tu trabajo a un grupo, hablar con personas importantes o que representen autoridad, reunirse con clientes, pedir comida en un restaurante, defenderte en una discusión, levantar la mano en clase, conocer a alguien nuevo o hablar con alguien a quien te gustaría besar.

Puede que te resulte difícil expresar tus necesidades, estar en desacuerdo con alguien o mantener una conversación difícil. No asistes a eventos sociales, no ves a tus amigos y pierdes la oportunidad de salir con alguien. No compartes tus ideas y opiniones. Te guardas tus logros para ti. Te mantienes al margen y dejas que otros se lleven el mérito que mereces. Evitas decir lo que hay que decir. Te escondes, te lo guardas todo.

Te conviertes en un experto en evitar lo que no te gusta. A mí, por ejemplo, no me gustan las llamadas telefónicas, odio llamar por teléfono a gente que no conozco y casi nunca dejo mensajes de voz. De hecho, si alguna vez recibes una llamada de mi parte, sabrás que has entrado en mi círculo íntimo.

Y como necesitas tiempo para entrar en calor, puedes tardar un poco más en llevar a cabo ciertas cosas, como hacer amigos, establecerte, encontrar el empleo de tus sueños o ascender en el trabajo. Al final lo consigues, pero en el momento, sentir que te estás quedando atrás es frustrante.[1] No te gusta compartir tus sentimientos, cosa que no sorprende. ¡Eres tímido! Y también hay mucho pudor y vergüenza dando vueltas, así que en definitiva no se habla de timidez.

¿Qué haces entonces? Guardas todos tus miedos y preocupaciones bajo llave, y es así como se acumulan y se agravan, provocando aún más infelicidad y ansiedad. ¡Pum! No soy psicóloga, pero estoy segura de que eso no es bueno para el bienestar mental ni físico de nadie.

También puede darse el caso de que la gente que te rodea no tenga ni idea de que tienes todo tipo de pensamientos vacilantes. Puede que te sientas capaz de dar conferencias o cantar sobre un escenario, pero todo sería una actuación, porque si dejaras de fingir o enmascarar tus emociones, te sentirías tímido y torpe, y tendrías unas ganas irrefrenables de esconderte.

Nivel 3: Increíblemente tímido

Y luego, en el extremo del espectro, algunas personas tímidas pueden sentirse tímidas todo el tiempo, todos los días. Para ellos la timidez forma parte de su personalidad, es parte de lo que son, en un nivel profundo. La timidez realmente grave es extenuante y a veces se denomina ansiedad social, como ya se ha mencionado. Puede que sientas que has sido tímido toda tu vida y que lo eres casi todos los días, en todas las situaciones. Es probable que la timidez forme parte de ti y que nunca dejarás de ser tímido. La timidez severa tiene un gran impacto —profesional y personal— y puede hacer que te sientas increíblemente aislado.

No importa lo tímido que te sientas, ningún nivel de timidez es más importante que otro. Todos estamos juntos en esto.

---

[1] A. Caspi, G. H. Elder y D. J. Bern, «Moving Away From the World: Life-course Patterns of Shy Children», *Developmental Psychology*, vol. 24 (1988), pp. 824-831.

¿Cuándo somos tímidos?

Si la timidez es una reacción a la novedad y la incertidumbre, no es de extrañar que nos sintamos más tímidos en ciertas situaciones que en otras. Es mucho menos probable que nos sintamos tímidos cuando estamos seguros y cómodos viendo la tele con el perro que cuando nos lanzan al escenario en una noche de karaoke en algún bar local.

Nos sentimos especialmente tímidos en reuniones ajetreadas, como fiestas y eventos de *networking*. Nos abrazamos a las paredes (supongo que por eso a veces nos llaman *wallflowers*) o nos escondemos en el baño.

Nos cuesta hablar de cosas triviales y, por eso, cuando nos encontramos con alguien en la calle sentimos un fuerte impulso de zambullirnos en el arbusto, la tienda o el coche más cercanos.

No nos gusta ser el centro de atención ni que nos miren. La perspectiva de que nos canten «Feliz cumpleaños» en un restaurante concurrido, con mariachis, equivale a una tortura. Nos cuesta hablar en reuniones o discusiones grupales, sobre todo si nos sentimos sin autoridad o sin poder frente a los demás. Preferimos fundirnos con la silla que hablar y compartir nuestras ideas. La incomodidad de arriesgarnos, con todos los ojos puestos en nosotros, es demasiada.

Es habitual sentir timidez ante desconocidos, personas que nos atraen físicamente o que representan autoridad, por eso, intentar platicar con un bombero atractivo que acabamos de ver será en particular difícil.

Y como la timidez suele ser una reacción a la novedad, puede parecer que fluye en distintos momentos de nuestra vida. Por ejemplo, empezar un nuevo trabajo, mudarse a una nueva ciudad, volver a salir con alguien después de una ruptura o sentirse inseguro por haber aumentado unos kilos pueden exacerbar la timidez; pero una vez que nos acostumbramos a nuestra nueva situación, nuestra timidez desaparece y nos sentimos más cómodos.

¿Cómo nos hace sentir la timidez?

Cuando aparece la timidez nos inundan los sentimientos. Las preocupaciones, los miedos y las dudas se desatan en nuestro interior y empiezan a bombardear nuestro cerebro.

> *Siento que todo el mundo me está mirando, que estoy diciendo algo estúpido, que todos piensan que soy un tonto.*
>
> ROISIN

Las dudas y los pensamientos negativos se apoderan de nosotros. Nos preocupa que la gente nos juzgue, que no seamos lo bastante buenos, que metamos la pata, que se rían de nosotros. Nos sentimos incómodos, torpes y cohibidos. Nos sentimos nerviosos, inquietos, al límite y avergonzados.

> *Eso no les interesa, cállate. Déjalos hablar; parecerás estúpido. Espera a que haya un espacio en la conversación... ahora... no, ahora... no... espera.*
>
> ELODIE

Catastrofizamos. Imaginamos lo peor y damos un repaso al pasado; examinamos cada pequeña cosa que ha ocurrido y buscamos pistas para justificar todos nuestros sentimientos negativos; construimos el futuro como una gran bola de fuego y miedo, dándonos aún más excusas para escondernos.

La timidez nos hace querer ocultarnos o huir para escapar de la situación en la que nos encontramos. Es como si nos atrincheráramos y nos arrastraran hacia un destino peor que la humillación total. Si pudiéramos elegir, pasaríamos totalmente desapercibidos.

> *En mi cabeza, hay un gran sermón sobre lo inadecuada que soy, cómo nunca podré hacer lo que quiero y lo rara y aburrida que todo el mundo debe pensar que soy.*

Y tonta, porque parece que no puedo hablar lo bastante rápido, decir cosas inteligentes o hacer chistes graciosos.

LAURA

La pesada manta que llevas puesta te está frenando. En el fondo, quizá quieras ser mago, bailarín de burlesque, rapero o conferencista motivacional. Puede que quieras compartir tus ideas en el trabajo, defender tus opiniones, hacer amigos, formar parte del grupo y platicar con esa persona que está en la barra. No es mucho pedir, ¿verdad? Pero no puedes, así que te lo pierdes.

Es molesto, desconcertante y frustrante. El hecho de no poder hacer las cosas que queremos puede irritarnos. Podemos sentirnos excluidos, aislados y rechazados.

Y por eso escribo este libro.

¿Cómo nos afecta físicamente la timidez?

Cuando nos sentimos tímidos, todos los pensamientos negativos, los miedos y los sentimientos que se arremolinan en nuestro cerebro nos afectan también físicamente.

Siento que mi cara se pone roja y tengo que evitar el contacto visual. En situaciones extremas, como hablar en público, empiezo a temblar, hiperventilo y a veces la gente dice que parece que estoy a punto de llorar.

ODETTE

Nuestro cerebro desencadena una reacción de estrés y bombea una oleada de cortisol que provoca la clásica respuesta de lucha o parálisis. Nos ponemos en «alerta de timidez» y nuestro cuerpo toma el control: nos sonrojamos, nos ruborizamos, el corazón nos late con fuerza y la respiración se acelera, podemos desmayarnos o incluso sufrir un ataque de pánico. Nos ponemos tensos, sentimos una opresión en el pecho, respiramos de forma entrecortada, nos sentimos nerviosos, apanicados, sollozantes e inquietos. Se nos revuelve el estómago, necesitamos ir a orinar de emergencia e incluso sentimos que vamos a defecarnos encima o a vomitar. ¡Yuck!

Nos acaloramos y sudamos en partes del cuerpo inusuales. Nos encorvamos, evitamos el contacto visual, y de repente el suelo nos parece muy interesante. Nos quedamos helados y, como si fuéramos un conejo animado bajo los reflectores, nos tambaleamos y empezamos a temblar. Al enfrentarnos a nuestros miedos la sangre fluye rápidamente de nuestro cerebro hacia nuestros pies, en un intento de ayudarnos a huir, haciéndonos sentir mareados o con dolor de cabeza. Nos sentimos congelados y pegados al suelo.

> *Un ataque abrumador de timidez puede afectarme en cualquier momento, pero los eventos sociales importantes y hablar con más de dos o tres personas a la vez pueden provocarme pánico. Siento náuseas o mareos, y en innumerables ocasiones me ha atacado el síndrome del intestino irritable. Con los años (tengo 51) he aprendido a controlar la respiración, inhalando y exhalando por la nariz, lo cual me ayuda.*
>
> PAULINE

Se nos pone la mente en blanco y se nos traba la lengua, se nos hace un nudo en la garganta, se nos seca la boca y nos cuesta hablar, y al no poder pronunciar las palabras se agrava nuestro miedo a ser criticados. ¿Cómo podemos decir algo sensato en una reunión si nos trabamos con las palabras y manchamos de sudor la camisa? Entramos en pánico: nos concentramos en el hecho de que estamos temblando y sonrojados, y en lo que tenemos que hacer al respecto, lo que no nos deja mucho espacio en el cerebro para seguir adelante con el trabajo por realizar. Nuestro cerebro entra en una espiral de timidez. ¡Oh, qué deleite!

¿Cómo afecta la timidez a nuestro comportamiento?

La timidez me impide poner en práctica mis sueños.

GILLY

Cuando estamos en las profundidades más oscuras de la timidez, experimentar sentimientos negativos y reacciones físicas repercute en nuestra forma de comportarnos, en las cosas que hacemos y en nuestra forma de vivir la vida.

> *Me encantaría hacer una maestría, pero rehúyo las discusiones en grupo. Me encanta tocar música, pero tengo pánico escénico. Me encanta escribir, pero no veo cómo podría llegar a ninguna parte con ello si soy demasiado tímido para compartir mi trabajo. La vida me limita y me decepciona por mi timidez.*
>
> IMANI

Frente a estos escenarios difíciles, elegimos la comodidad y la seguridad. Nos echamos la manta a la cabeza y nos escondemos de las situaciones nuevas, inciertas y desafiantes, de exponernos, de hablar y dar la cara. De la vida.

Ser tímido en la escuela

> *Yo tenía mucho miedo y era muy tímida. Crecí en uno de los institutos más grandes del mundo. Todos o se enamoraban o no se gustaban, y era agotador, y yo era la tímida del rincón.*
>
> SELENA GOMEZ, cantante[2]

[2] https://www.bustle.com/articles/151022-14-celebs-who-are-shy-from-kanye-west-yes-really-to-kristen-stewart.

El esconderse empieza pronto. Y también el no participar. El bullicio y el caos de las aulas favorecen a los niños ruidosos. A los tímidos les cuesta hablar y hacerse oír.

En clase, los niños tímidos pueden saber las respuestas, pero nunca las dicen, evitan compartir su trabajo y sus ideas; evitan pararse delante del grupo, participar en actividades y equipos, rendir bajo presión, competir. Les preocupa levantar la mano por si se equivocan y no les gusta que los pongan en un aprieto, que los miren o tener que hablar delante de mucha gente.

> *La escuela es el peor lugar para ser tímido. Todas las tareas que implican ponerse de pie y hablar me dan un miedo atroz. Me costó hacer amigos y, aunque ahora tengo un círculo cercano de personas que me entienden, sigue siendo molesto no sentirse cómodo hablando en grupo.*
>
> Sam

Recuerdo estar sentada en un debate en clase. Tenía muchas ideas y cosas que quería decir hasta que el profesor dijo aquellas fatídicas palabras: «Vamos a escucharlos a todos», y señaló al chico de su izquierda. Yo estaba sentada a su derecha. Se me encogió el corazón, iba a ser la última. Tendría que esperar y decir algo nuevo que nadie hubiera dicho. Mi corazón empezó a latir más rápido y sentí un repentino impulso de salir corriendo, pero estaba atrapada con la espalda pegada a una estantería y no podía moverme ni un centímetro. No había ningún sitio a donde huir. Cuando llegó mi turno, mi voz era tan débil que apenas se escuchaba. Fue hace 25 años, pero recuerdo el pánico con mucha claridad.

Los niños tímidos evitan los grupos grandes, las fiestas, las pijamadas, las invitaciones, las oportunidades y las nuevas experiencias que los hacen sentirse incómodos, asustados o preocupados. A menudo se encuentran al margen, observando desde la distancia, sintiendo que no encajan.

A mí me encantaba saltar en el trampolín y había un club en la escuela. Fui un día y me sentí muy incómoda y ansiosa porque no había nadie de mi clase. Me miraban fijamente por ser la más joven. Terminé por dejar de ir.

LYNN

Nuestra experiencia escolar está destinada a prepararnos para la vida. Por desgracia, estos años de formación también pueden dejarnos asustados y marcados para siempre.

Es probable que los niños tímidos no sepan por qué se sienten así. Como resultado, pueden parecer testarudos o difíciles, y enfrentarse a la frustración y la irritación de padres y profesores. Sin embargo, los niños tímidos no dan problemas de forma deliberada. Un niño que deja de hablar en la escuela no lo hace para molestar al profesor o para mostrarse desafiante, puede que se sienta tan ansioso que no le salgan las palabras; es posible que la experiencia escolar en general le resulte demasiado abrumadora, ruidosa e intimidante para sentirse cómodo, y sin el apoyo y el estímulo adecuados seguirá achicándose.

¿Cómo se relacionan las personas tímidas?

Vi a un amigo en el supermercado y salí corriendo.

JAE

Toma un cuarto muy grande, música a alto volumen, una manada de extrovertidos, bailes escandalosos, alcohol sin límite y mézclalo con un montón de inseguridades. ¿Y qué tienes? Una tormenta de timidez, eso tienes.

Me había arreglado para la fiesta, pero una vez allí, lo único que quería era regresar a casa. Todos mis amigos estaban en la pista de baile, pero yo sabía que necesitaría unas cuantas copas más antes de poder bailar, por no hablar de relajarme lo suficiente como para disfrutarlo. Mientras todos los demás parecían divertirse, yo estaba apoyada en la barra, deseando participar, pero sabiendo que no podía, sintiéndome increíblemente cohibida.

Suena arrogante, ¿verdad? Sabía que nadie me miraba, estaban demasiado ocupados haciendo pasos de baile obscenos y bebiendo *shots* como para preocuparse, pero no podía quitarme la sensación de estar atrapada bajo un manto de timidez. En lugar de participar, me quedé allí como monigote, sola, preguntándome cuándo podría irme a casa. Fue doloroso y no muy divertido.

Cuando eres una persona tímida, socializar con los demás puede ser demasiado incómodo. Nos cuesta relajarnos, parece que todo el mundo se divierte mucho más. Las posibilidades de que bailemos sobre las mesas, o en la pista, son escasas. No somos el centro de atención.

En lugar de que nos limiten por salir demasiado de fiesta, optamos por encerrarnos en nuestra propia cabeza; nos preocupa quedar mal, decir algo equivocado, hacer el ridículo. Estamos tan ocupados preocupándonos, que nos olvidamos de pasarla bien.

Las conversaciones triviales nos parecen horribles. Intentar deslizarse con suavidad en una conversación es más enfermizo que hábil. Platicar de forma relajada con grupos de personas nos calienta, y no en el buen sentido. Nos cuesta decir algo, y si conseguimos decirlo, es difícil que nos escuchen.

Hace poco, en una cena, un amigo intentó incluirme en la conversación preguntándome por mi trabajo. Antes de que pudiera terminar mi frase, me interrumpió una mujer bastante ruidosa, que es profesora. Empezó a explicarnos a todos qué es la timidez porque había consultado un libro sobre introvertidos. Intenté retomar la conversación y volver a la pregunta inicial de mi amigo. Me sentí menospreciada e irritada. Por mucho que lo intenté, no conseguí hacerme oír. Al final, dejé de intentarlo y hundí la cabeza en una gran copa de vino.

Dado que soy una experta en timidez y he escrito dos libros sobre el tema, ¿no resulta irónico que mi timidez sea lo que me impide hablar de mi trabajo? Puedo ver el lado divertido, pero esa experiencia me irritó. Estoy molesta conmigo misma por haberme quedado callada y por haber elegido pasar mi tiempo en compañía de gente a la que claramente no le importo yo ni lo que tengo que decir.

¿Cómo seguimos adelante con seguir adelante?

> *Perdí la oportunidad de salir con un chico que parecía genial. La timidez se apoderó de mí y me paralizó, evitaba el contacto visual y básicamente lo ignoraba siempre que estaba cerca. Él se mostraba interesado, me miraba fijo y me daba a entender que quería platicar, pero yo no podía arriesgarme a decir algo poco inteligente, así que no dije nada.*
>
> ALI

Las relaciones románticas pueden ser complicadas para las personas tímidas. Nos cuesta acercarnos a gente que no conocemos, y es difícil mostrar tu mejor cara cuando eres una chica sudorosa que no puede articular una frase. Para nosotros, coquetear está plagado de miedos e incomodidades, y puede llevar tiempo entrar en confianza. Una vez que estamos en una relación, también podemos tener problemas con el sexo y dificultades para expresar nuestras necesidades o para tener conversaciones abiertas.

El punto es que una relación nos ayuda a sentirnos seguros, protegidos y apoyados. Nos sentimos menos solos y cohibidos cuando estamos con alguien que nos quiere y cree en nosotros. Nos sentimos más felices. Sin embargo, cuando nos escondemos, perdemos la oportunidad de disfrutar del amor.

> *Me resultó muy difícil establecer una relación a largo plazo con una pareja formal. No he tenido hijos porque no me sentía segura de poder educarlos asertivamente.*
>
> MEGAN

No es que no queramos salir con otras personas, porque sí queremos, es solo que navegar por estas situaciones es difícil.

Cuando mi hijo Jacob era un bebé, empecé a preocuparme de si tenía madera para ser madre. Es como intentar cerrar la puerta del establo cuando el caballo ya se escapó. ¿Cómo puedo ser madre si no se me da ser jefa? Una cuestión es empujar a un bebé balbuceante en un carrito, y otra muy diferente es domar a un niño travieso o disciplinar a un adolescente grasiento y caprichoso.

He salido avante, pero está claro que no sé lo que hago, y hay muchas veces que meto la pata. Este es el punto: no hay una sola manera de ser padre/madre. No puedo ser estricta o autoritaria, pero puedo ser accesible y empática.

Ningún padre es perfecto. (Por suerte para mí). En lugar de exigirnos tanto a nosotros mismos, ¿qué pasaría si tener hijos nos diera el propósito y la motivación que necesitamos para ser más seguros? No quiero que mi hijo me vea esconderme para evitar una llamada telefónica o mantener conversaciones incómodas. ¡Quiero que me vea siendo increíble!

¿Cómo afecta la timidez a nuestras expectativas profesionales?

Tanto esconderse también afecta a nuestras expectativas profesionales. Los estudios demuestran que las personas extrovertidas tienen más probabilidades de ascender, ganar más dinero y trabajar en puestos de responsabilidad que las tímidas.

> *En las entrevistas de trabajo he tenido ataques de pánico causados por la timidez que han hecho que no consiga empleo. Soy demasiado nervioso, tímido e incapaz de comunicarme correctamente. Por eso trabajo por mi cuenta, lo que ha mermado mi confianza y ha dificultado mi trayectoria profesional.*
>
> RICHARD

Evitamos hablar en las reuniones y por lo regular guardamos silencio. Se nos dice que participemos más, pero encontrar nuestra voz en un entorno dominado por extrovertidos puede parecer imposible.

Cuanto más tiempo se está en silencio en el trabajo, cuanto más tiempo se guardan las ideas y opiniones, más difícil resulta hablar y aportar. Estar atrapado en la rutina del silencio hace que presionar el botón de hablar parezca un hecho dramático. Cuanto menos hables, más probable será que todas las miradas estén puestas en ti cuando te decidas a hacerlo.

No solo nos intimida hablar delante de gente desconocida, también nos intimidan las personas con autoridad, las que creemos que compiten con nosotros y las que conocemos bien. Aunque no sea su intención, saber que todos los presentes te apoyan ¡puede suponer una gran presión!

> *Me resulta difícil hablar delante de gente que no conozco, incluso hablar por Zoom me produce ansiedad. No creo que el mundo laboral esté pensado para personas tímidas.*
>
> FLISS

Presentar tu trabajo y tus ideas puede resultar intimidante, y el miedo a ser juzgado, paralizante.

> *Aunque mi trabajo era principalmente organizativo, había oportunidades de hablar en público, y debí haberlas aprovechado. Podría haber utilizado el trabajo en beneficio de mi carrera, pero en lugar de eso lo evité de forma deliberada. Creo que mi reticencia a ser el centro de atención hizo que acabara esforzándome por encontrar mi siguiente trabajo.*
>
> LIEV

Nos resulta difícil presentarnos ante las oportunidades y evitamos pedir aumentos de sueldo. Nos enfocamos en hacer el trabajo, en lugar de preciarnos de haberlo hecho. Agachamos la cabeza y nos ponemos manos a la obra, tenemos tanto miedo de llamar demasiado la atención, ya sea por meter la pata o por brillar demasiado, que podemos acabar arrastrando los pies y no alcanzar nuestro potencial.

Nos cuesta entrar en el juego, elevar nuestro perfil y destacar, sobre todo en un entorno que puede parecer despiadado y competitivo, así que apuntamos bajo y optamos por empleos que podemos manejar, que no nos presionan demasiado ni nos obligan a enfrentarnos a nuestros miedos. Pero cuando no hablamos claro, nuestro potencial queda silenciado, se nos pasa por alto, se nos subestima, se nos infravalora, se nos menosprecia. Nos perdemos el reconocimiento, el éxito... ¡y el dinero!

> *He estado a un paso de galerías increíbles, colaboradores o clientes y mi timidez me ha llevado a callarme y perderme la oportunidad.*
>
> KATH

La timidez tiene un costo. Es difícil levantar las manos como si no te importara o vivir la vida loca cuando llevas una manta de lana, y es bastante complicado hacer una presentación de trabajo seria y mostrar tu genialidad cuando arrastras esa cosa rala contigo.

> *Mi timidez y la ansiedad que conlleva se han infiltrado en todos los aspectos de mi vida en un momento u otro. No he hablado en el trabajo cuando he tenido buenas ideas, no me he presentado a proyectos o encargos por miedo a hacer el ridículo. Con demasiada frecuencia he aceptado, cuando debería haber dicho que no, o me he quedado atrás cuando debería haber avanzado.*
>
> AYLAH

Cuando nuestros miedos y creencias limitantes son más fuertes que nuestro deseo de avanzar, solo podemos mirar y contemplar cómo el reconocimiento, los premios, la diversión, las citas, el amor, las relaciones, los trabajos, los ascensos y los aumentos de sueldo se escapan hacia el atardecer.

El asunto con la manta es que se trata de una elección, y sirve para algo: nos protege y nos mantiene a salvo, calientitos y cómodos. Cuando la llevamos, no corremos riesgos y nada puede hacernos daño, pero mantener la manta con nosotros implica no vivir nuestra vida plenamente.

Quizá haya llegado el momento de soltar la manta.

PUNTOS SOBRE LA TIMIDEZ

- La experiencia de la timidez es diferente para cada persona.
- La timidez es una reacción ante situaciones nuevas e inciertas.
- La timidez comienza con una serie de sentimientos negativos.
- Provoca una reacción física en nuestro cuerpo.
- La timidez nos hace escondernos.
- Nos perdemos de experiencias en la escuela, en la vida social, en las relaciones y también en el trabajo.
- Cuando nos escondemos, nos perdemos la oportunidad de vivir nuestra vida.

CAPÍTULO 4

SOCIEDAD TÍMIDA

Era muy tímida, tanto que mis padres acudieron a consejeros para chicas tímidas con la intención de que dejara de serlo. No me gustaba estar delante de la gente, así que me limitaba a observar.

ZENDAYA, actriz[1]

«Te minimizas y nos estás frenando. Es patético», dijo. No podía creer lo que estaba oyendo, la burla despectiva de una colega, alguien que se suponía que estaba trabajando conmigo, a mi lado, cuando intentábamos echar a andar un negocio.

La agresividad de su voz era horrible. Podía imaginarme sus ojos desorbitados, las venas palpitantes, la saliva volando por el aire, incluso por teléfono. La cabeza me daba vueltas. ¿Qué estaba pasando? ¿De dónde había salido todo esto? Sabía que éramos diferentes. Ella era la extrovertida, la valiente, la que firmaba los contratos y trataba con los clientes difíciles. Yo era la persona de los juicios mesurados en los que podían confiar nuestros clientes. Yo fui quien cumplió las promesas —a veces extravagantes— que ella hizo.

---

[1] https://www.bustle.com/articles/151022-14-celebs-who-are-shy-from-kanye-west-yes-really-to-kristen-stewart.

Iba de un lado a otro de la cocina en pijama y pantuflas, con las manos sudorosas mientras escuchaba ese sermón. El corazón me latía con fuerza, sentía que todo por lo que había trabajado se derrumbaba a mi alrededor. Me ardía la oreja apretada contra el teléfono, sentí como si el auricular estuviera a punto de explotar y me volara las cejas.

Y entonces, llegó el momento decisivo.

«Nadie te toma en serio. Eres un chiste». ¡Pum! Un fuerte gancho de izquierda en el pómulo. «No mereces que te paguen lo mismo que a mí».

Sentí que un volcán de ira fundida explotaba dentro de mí. Hasta aquí llegó su tonta. (Eso me convertía en la tonta; no era lo ideal, pero por ahora tenía que valer). Esto no me iba a pasar a mí, de ninguna manera, no después de todo el esfuerzo que había hecho.

Me aclaré la garganta, tomé aire y, con una voz de acero que no reconocí, dije: «Se acabó. Puedes esperar noticias de mi abogado».

Hay que reconocer que esa reacción fue el comienzo de seis meses de caos y estrés, y de una disputa legal digna de antología. Pero me sentí bien al decirlo. Durante esa fracción de segundo me mantuve erguida, con las pantuflas sustituidas por tacones virtuales, un traje elegante, hombreras puntiagudas y el pelo alborotado. ¡En tu cara, perra!

Colgué el teléfono, con las manos temblorosas, y empecé a llorar. Este no era el plan. De hecho, estaba tan lejos del plan que bien podría haberme perdido en un bosque sin navegador por satélite, o incluso sin mapa, sin coche, sin batería en el teléfono, con la única compañía de un espeluznante mochilero que pide aventón con intenciones asesinas.

¿Y si realmente me pasaba algo? ¿Y si mi timidez significaba que era anormal? Me sentía como un bicho raro. Un bicho raro roto.

Y muy, muy sola.

Mientras intentaba recuperarme de aquella experiencia desgarradora, automedicándome con muchos, muchos botes de helado, comencé a pensar en lo que me pasaba por la cabeza.

¿Por qué me resistía a hablar o a que me vieran? ¿Por qué prefería quedarme en un segundo plano, haciendo, fabricando y escribiendo cosas, en lugar de ser el centro de atención? ¿Por qué me sentía incapaz de engrandecerme o venderme? Mis inhibiciones habían obstaculizado mi vida cotidiana y mis expectativas profesionales durante años, nunca les había dado voz, y mucho menos las había cuestionado o había descubierto cómo trabajar con ellas.

En lugar de eso, seguía luchando, intentando ser algo que no era y sintiendo que nunca encajaba ni daba la talla. Imagínate pasarte la vida con unos zapatos demasiado pequeños. Miraba fuera de mí e intentaba parecerme más a los demás: más ruidosa, más estridente, más segura de mí misma, más descarada. Pero siempre me sentía rara. Estaba convencida de que mi carácter reservado significaba que había algo malo en mí.

No estás solo

Vayamos a las estadísticas. Prepárate: en la década de 1970, los psicólogos Philip Zimbardo, Paul Pilkonis y Robert Norwood realizaron en Estados Unidos un estudio pionero e influyente sobre la timidez. Descubrieron que 40% de los encuestados se consideraba tímido en ese momento, 82% afirmaba haber sido tímido en algún momento de su vida y una cuarta parte decía haber sido tímida la mayor parte de su vida. Solo 18% dijo que nunca se había etiquetado a sí mismo como tímido, y solo 1% dijo que nunca había experimentado timidez.[2]

La timidez varía de un país a otro. Parece que hay más timidez en las culturas orientales y asiáticas, con más de 50%. Por ejemplo, 57% de los japoneses y aproximadamente 55% de los taiwaneses se

[2] Philip Zimbardo, Paul Pilkonis, Robert Norwood, «The Silent Prison of Shyness», Departamento de Psicología, Universidad de Stanford, 11 de noviembre de 1977.

considera tímido, mientras que la mayoría de las culturas occidentales, como Canadá, Alemania y México, está en la misma línea que Estados Unidos y registra alrededor de 40% de timidez.[3]

En Gran Bretaña, 57% de las personas se describe a sí misma como tímida. Como mujer tímida británica, es reconfortante y fortalecedor saber que, aunque a menudo me siento rara y como si no encajara, en realidad soy parte de la mayoría tímida.[4]

Independientemente de la parte del mundo a la que pertenezcas, un alto porcentaje de personas son tímidas. La timidez no es rara ni extraña, es normal.

Entonces, ¿dónde están todas las personas tímidas?

> *Yo pensaba que, bueno, si tuviera el valor, sería cantante, pero siempre fui tímida y siempre tuve ese sentimiento ambivalente de querer ser el centro de atención, pero al mismo tiempo ser demasiado tímida para lograrlo.*
>
> CARLY SIMON, cantante

La timidez puede ser una experiencia solitaria y aislante, pero dado que la mitad de nosotros somos tímidos, ¿por qué nos sentimos tan solos?

> *Me gusta hablar de la introversión, que considero una forma de pensar, pero la timidez es vergonzosa. Me parece infantil, algo que hay que superar.*
>
> ANDY

[3] B. J. Carducci, «Cross-Cultural Comparisons of Shyness», en *Encyclopedia of Mental Health* (segunda edición), 2016.

[4] The YouGov Personality Study, 11 de noviembre de 2019, https://yougov.co.uk/topics/lifestyle/articles-reports/2019/11/12/yougov-personality-studypart-one-British-reserve.

Ser tímido conlleva ansiedad, vergüenza y desconcierto. Estas emociones hacen que no queramos compartir nuestra experiencia de timidez con los demás. Puede parecer otro palo con el que pegarnos.

> *Está más aceptado hablar de la introversión, pero es frustrante, porque yo no soy introvertida. Me gusta el contacto y me llena de energía. Hoy en día está de moda ser introvertido, pero hablar de la timidez parece tabú.*
>
> Sarah

Cuando somos tímidos nos retiramos al fondo de nuestra vida, nuestra lucha es silenciosa. Todo el discurso negativo, el catastrofizar, la timidez y la incomodidad ocurren en nuestra cabeza. Nuestros síntomas físicos son casi siempre invisibles.

No se nos ve ni se nos oye, y como esto sucede, nuestras voces faltan en la conversación. Eso significa que otras personas tímidas tampoco nos ven, y eso solo sirve para exacerbar la sensación de aislamiento que sentimos.

Ser tímido no es realmente un tema de conversación. ¿Cuándo fue la última vez que le dijiste a alguien que te sentías tímido? Mmm. Yo tampoco. Ni siquiera estoy segura de habérmelo confesado a mí misma hasta que empecé este proyecto. No es como enseñar tu último tatuaje, ¿verdad?, es más bien un sarpullido vergonzoso.

> *No hablo de mi timidez. Creo que nunca he hablado de ello, me da vergüenza.*
>
> Rosie

El hecho de que las personas tímidas seamos calladas y no nos guste hablar en voz alta de nuestros sentimientos, o de cualquier otra cosa, nos hace mucho menos propensas a querer hablar de manera abierta de nuestra timidez. Hay un ciclo en marcha. Un círculo vicioso de timidez:

SENTIMIENTOS DE ANSIEDAD > AUTOCONVERSACIÓN NEGATIVA > ESCONDERSE > AISLAMIENTO

Y así seguimos.

Engañados

> *Yo era una niña muy, muy tímida, y actuar era una vía de escape para mí. Creo que muchos actores dicen lo mismo. En aquella época me sentía mucho más cómoda fingiendo ser otras personas que siendo yo misma. Actuar me ayudó mucho a salir de mi caparazón. Ahora no diría que soy tímida, pero de niña representaba un verdadero problema.*
>
> KATE MARA, actriz[5]

Nos gusta pasar desapercibidos, llevar una capa de invisibilidad. ¿Y qué quedaría bien con esa capa? Ya sé, una máscara.

> *Cuando estoy en el trabajo llevo uniforme, es mi armadura. Me siento segura de mí misma: conozco mi trabajo, no soporto a los pacientes maleducados, pero los hago reír y los hago sentir que me importan. Soy la persona que me gustaría ser siempre, pero no soy ella. Me resulta agotador ser la enfermera ingeniosa y vivaracha, pero es lo que necesitan los pacientes.*
>
> MICHELLE

Como nos avergonzamos de nuestra timidez, la ocultamos. Escondemos quiénes somos realmente fingiendo ser algo que no somos.

[5] Booth Moore, *Los Angeles Times*, 19 de junio de 2014.

Nos preocupa que revelar nuestro verdadero yo nos haga antipáticos y repulsivos, así que nos ponemos una máscara para protegernos del fracaso y del rechazo y para mantenernos a salvo de la crítica.

Y hay toda una colección de máscaras. Tanto si buscas algo ocurrente con un toque de humor, un disfraz brillante y sarcástico o una máscara afilada y puntiaguda con un toque mordaz, seguro que hay algo que se adapta a ti.

Nuestra selección de máscaras puede ser un intento consciente de engañar a la gente para que nos vean más seguros y extrovertidos de lo que en realidad somos. O puede que estemos enmascarando nuestra timidez de manera inconsciente y ni siquiera sepamos que lo estamos haciendo.

Como cuando, en mi primer trabajo, mi director de Recursos Humanos me dijo que utilizaba el humor como mecanismo de defensa. ¿Para qué? Tonterías. Lo rechacé e hice un chiste sobre ello.

Era joven, no tenía ni idea de lo que decía, pero ahora, mientras escribo esto, por fin puedo ver que usaba el humor para enmascarar mi timidez. Hacer reír a la gente es más fácil que ser sincera sobre mi timidez y mis inseguridades. Resulta que la máscara que elegí es un acto ingenioso, tan sutil que no tenía ni idea de que la llevaba puesta.

> *Me río mucho, para aliviar posibles tensiones, para hacer que las situaciones parezcan menos importantes, para llenar momentos incómodos. Cuanto más nerviosa estoy, más me río. Hablo de risa nerviosa, no de risa de verdad.*
>
> FIONA

A veces, en una noche de fiesta, elijo una máscara de hielo. En lugar de participar en el baile o, Dios no lo quiera, en el karaoke, me apoyo en la barra, mostrando una fría indiferencia (¡bah!) y haciendo todo lo posible para parecer que me estoy relajando y disfrutando del ambiente. Sé que esta máscara es la que tiene menos probabilidades de permanecer en su sitio, o más bien la que tiene más posibilidades de derretirse y terminar en un charco en el suelo.

Y eso es lo que pasa con las máscaras: no siempre son creíbles, pero si te gustan, ¿por qué no pasas al siguiente nivel y te conviertes en un profesional?

> *La gente suele sorprenderse de que sea tímida, creen que solo soy callada. He dado diversas entrevistas en televisión y radio, he hecho presentaciones y he participado en mesas redondas de conferencias importantes. La verdad es que no me importa mucho, represento el papel de portavoz de mi organización.*
>
> CLARE

Hay mucha gente tímida que se hace pasar por actores seguros de sí mismos en el teatro, el cine y la televisión. Actuar es, básicamente, cobrar por llevar una máscara. Si te cuesta ser tú mismo, ¿qué mejor manera de ganarte la vida que actuar? Claro que tendrás que encontrar la manera de subirte al escenario o ponerte delante de la cámara sin sudar a chorros, vomitar o sufrir un ataque de pánico, pero una vez allí, es mucho más fácil fingir ser otra persona que ser tu verdadero yo tímido.

> *La gente supone que no se puede ser tímido y salir en televisión. Se equivocan.*
>
> DIANE SAWYER, presentadora de noticieros

Pero fingir para pasar el día es agotador. A pesar de lo que nos dicen sobre fingir para triunfar, llevar una máscara todo el día no es bueno para ti, ni para tu salud mental y dificulta la relación con los demás.

No tenemos por qué avergonzarnos ni sentir que no encajamos. En lugar de hundirnos en un segundo plano, seamos un poco más abiertos con nuestra timidez y seamos fieles a lo que somos. Si la gente está orgullosa de ser sensible o introvertida, ¿por qué no íbamos a estarlo nosotros de ser tímidos?

Pandemia de timidez

En 2020, cuando el COVID-19 arrasó el mundo, perdimos muchas cosas y la vida cambió radicalmente. De vez en cuando me asombra la locura que supuso todo aquello, cómo, durante ese periodo, la vida se redujo al tamaño de nuestras cuatro paredes y nuestro jardín, todos apretujados, echando de menos la escuela y el trabajo, las reuniones y los abrazos.

> *No estoy acostumbrada a estar en situaciones de grupo, como reuniones o cursos. Aquí es donde me vuelvo tímido. Llevo más de año y medio sin hablar en un grupo grande y pensar en verme ante esa situación me pone enfermo.*
>
> ALEX

Sustituimos el trayecto al trabajo por bajar las escaleras en pantuflas; cambiamos las conversaciones en el dispensador de agua por paseos con el perro y pódcast. En lugar de interactuar con otros, nos poníamos cubrebocas y hacíamos fila en la puerta de los supermercados, con dos metros de distancia entre nosotros y la siguiente persona. El contacto físico y la cercanía eran peligrosos y aterradores, cuestión de vida o muerte. Muchos de nosotros apenas salimos de casa en meses, era una existencia monacal y llevar cubrebocas se convirtió en la norma.

En cierto modo, me gustaba llevar la máscara o cubrebocas porque podía esconderme detrás de ella. Me gustaba evitar cruzarme con la gente por la calle y tener que entablar conversaciones triviales porque nadie sabía quién era. El problema era que mi voz, ya de por sí bajita, se apagaba por completo y nadie podía oír nada de lo que decía, tenía que repetirlo al menos tres veces. Era insoportable.

La pandemia nos convirtió en una sociedad de paranoicos. Mientras la policía patrullaba las calles y los parques en busca de infractores de las normas y la gente empezaba a denunciar a sus vecinos por incumplir el distanciamiento social, nos sentíamos juzgados por los demás. Parecía sacado de una película siniestra, y un clima de miedo se apoderó de nosotros.

Según los estudios, se requiere entre dos y ocho meses para crear un hábito. Pasar un año y medio entrando y saliendo del encierro hizo que nuestras tendencias de ansiedad social se intensificaran y se enquistaran. Tras meses de aislamiento, nos habíamos acostumbrado tanto a estar solos o encerrados en casa que, para muchos, volver a sumergirnos en situaciones sociales de la vida real resultaba muy poco atractivo. Nuestras habilidades sociales se deterioraron hasta desaparecer. Incluso personas que antes no eran tímidas empezaron a experimentar ansiedad social.

> *Como no he tenido tanto contacto con la gente, he perdido práctica. Fui al supermercado y fue una de las experiencias más aterradoras de mi vida. Las luces eran demasiado brillantes, tenía la sensación de estorbarle a todo el mundo, de que todos me miraban fijamente.*
>
> RACHEL

Los cambios en la sociedad y en nuestra forma de comunicarnos repercuten en nuestras habilidades sociales, y eso influye en nuestra timidez.

> *Creo que mi timidez está aumentando lentamente. Me había pasado los dos últimos años trabajando duro en mis habilidades sociales y tenía planes para subir un escalón este año. La pandemia me hizo ensimismarme y evitar toda comunicación. Me frustraba volver al punto de partida con mi timidez.*
>
> HABAB

PUNTOS SOBRE LA TIMIDEZ

- Enmascaramos nuestra timidez.
- A veces intentamos automedicarnos.
- Nos quedamos atrapados en un círculo vicioso de ansiedad, negatividad y aislamiento.
- Cuando enmascaramos nuestra timidez, acabamos sintiéndonos agotados y desconectados de nosotros mismos y de los demás.
- La pandemia nos aisló y aumentó nuestros niveles de timidez y ansiedad social.

CAPÍTULO 5

TECNOLOGÍA PARA TÍMIDOS

El silencio es el nuevo ruido.

JOE ROBITAIL, escritor

Tengo una corazonada. Lo siento en los huesos. Tengo la sensación de que la timidez va en aumento, de que se acerca una marea de timidez. ¿Quizá, solo quizá, los sumisos heredarán la tierra?

La vida wifi

Me parece que la vida moderna y el uso que hacemos de la tecnología nos están volviendo más tímidos. Es sorprendente lo fácil que es no salir de casa. Si quisieras convertirte en un ermitaño, podrías hacerlo, no necesitarías vivir en un bosque, en una cabaña hecha de palos y cubierta de barro, solo necesitarías wifi.

Mientras estuve aislada debido al COVID-19, me di cuenta de lo fácil que es. Desde la seguridad de mi pequeña habitación, y gracias a una banda ancha superrápida, pude ponerme al día con las noticias, ver la televisión, escuchar la radio, hacer un poco de ejercicio, enviar mensajes a mis clientes y amigos a través de una vertiginosa variedad de plataformas, leer libros y revistas y pasar demasiadas horas recorriendo tiendas comprando ropa y zapatos y un montón de cosas sin sentido. Mi cerebro hervía de interacciones, pero me daba cuenta de que llevaba horas sin hablar. Todo el día. ¿Y sabes qué? No me importaba en lo más mínimo.

Hubo un momento crucial en el que, anhelando la comodidad de un chai latte caliente de Starbucks, pedí un Uber Eats y me lo trajeron. (Soy consciente de que esto me convierte en una mala persona en muchos niveles, ¡pero es que sabe delicioso!). Con solo presionar un botón, alguien me trajo una bebida caliente, ni siquiera tuve que abrir la boca. Bueno, sí, para beberla, pero no para ordenarla. No hubo ninguna incomodidad, ninguna interacción humana. Nada de nada. Aparte de la vergüenza de saber que un chico en bicicleta me traía una bebida caliente, que parece tan comprensivo en exceso que llega a ser ridículo, una vez que me liberé de la culpa, fue increíble. El paraíso de una persona tímida.

Tecnología para tímidos

«Alexa, ¿cuánto es 244 × 13?». Escucho al hijo de mi amigo haciendo la tarea. Está haciendo trampa pidiéndole a la asistencia virtual que haga el trabajo por él. Al principio me horrorizo, pero luego me río en mi interior; ese monito descarado.

No soy muy fan de Alexa, me pone los pelos de punta y estoy segura de que está escuchando todas nuestras conversaciones, o tal vez incluso interviniendo nuestras funciones cerebrales. ¿Alguna vez has pensado algo como «me interesan unos tenis rojos» y te has dado cuenta de que de repente te acechan sin descanso anuncios de tenis rojos?

Pero no puedo negar lo útiles que nos resultan estos robots personales a los tímidos. Con un amigo robot podemos evitar todo tipo de conversaciones. Desde encontrar descuentos en internet y obtener información actualizada sobre el clima y el tráfico hasta recibir consejos para ponerse en forma, escuchar música nueva y estar al tanto de las últimas noticias o actualizaciones deportivas. Podemos agendar citas, hacer donaciones e incluso enviar abrazos virtuales. Gracias a las aplicaciones de mensajería, nunca más tendremos que llamar por teléfono ni dejar un mensaje de voz. ¡Aleluya!

¡Apuesto a que sería cien por ciento posible rehuir todo contacto humano para siempre! Nuestra vida social podría reducirse a cero hasta convertirnos en auténticos ermitaños. Solitario, sí. Cómodo y conveniente, en definitiva.

Vibraciones de tribu

No importa lo que te guste, ni lo especializado o específico que sea, en algún lugar hay una tribu de personas como tú. Y lo mejor de todo es que, gracias a internet, no tienes que entablar conversaciones triviales ni mostrar tu cara, lo cual es una bendición.

> *Como alguien que se ha mudado a otras ciudades y países, encontrar gente en internet con gustos similares a los míos me ha llevado a conocer nuevas amistades y grupos sociales. Me ha ayudado a superar la incomodidad social de un primer encuentro.*
>
> CHLOE

Oculto tras la pantalla de tu computadora, con un alias e incluso un avatar, eres libre de ser quien quieras, nadie puede ver si te sonrojas, tiemblas, te sientes nervioso o incómodo.

> *Asistí a un evento social llamado «Frocktails», un encuentro para gente a la que le encanta confeccionar su propia ropa. No conocía a nadie antes del evento, pero como había hecho algunos contactos en Instagram, me sirvieron para sentirme lo suficientemente segura de asistir. Conocer a algunos de los asistentes a través*

de Instagram también me ayudó para tener temas de conversación.

RENEE

Y lo mejor es que puedes teclear, tip tap tip tap, tu camino hacia los contactos de forma segura y cómoda. Cada palabra puede pensarse cuidadosamente, no hay presión para hablar en el momento: puedes tomarte tu tiempo, calentar y preparar lo que quieres decir. Encontrar tu voz es mucho más fácil en internet porque puedes borrar, redactar y reescribir. Es socializar al estilo tímido.

Para mí es mucho más fácil hablar de forma anónima en línea que en persona, porque no me ven estresada y tengo más tiempo para pensar en una buena respuesta.

LAUREN

Y no nos limitamos a 200 personas que van a nuestro bar o viven en nuestra calle. No nos limitamos a la gente de la escuela o del trabajo. Ya seas un experto en café, un aficionado al punto de cruz, un apasionado de las bastoneras o un loco de los nuggets de pollo, tu tribu está ahí afuera esperando «conocerte». Puedes platicar con ellos en foros o grupos en línea desde tu casa, detrás de la pantalla de la computadora.

Las redes sociales son positivas para la gente tímida porque puedes interactuar y observar desde un «lugar seguro» y marcharte cuando quieras. No hay compromiso.

BROOKE

Se acabaron los momentos incómodos en los que le preguntas a un desconocido si le gusta el cine francés de la *Nouvelle Vague* y te limitas a esperar lo mejor. El hecho de que sean miembros del Club de Cine Francés significa que puedes estar seguro de que distinguen entre Godard y Truffaut. El paraíso.

Seguro que a otros les parecen un poco raros nuestros foros virtuales, pero da igual. La gente puede juzgarnos por hacer amigos en internet, pero si te hace feliz hablar de manga, *drum and bass* o UFC todo el día con otras personas, hazlo. Puede que utilices internet como un medio para ir conociendo gente cara a cara, o puede que tus relaciones se mantengan tan solo en línea.

El mundo está cambiando, establecer contactos por internet ya no es raro o de nerds. Ya no es cosa de *geeks* a los que les gusta Calabozos y Dragones. Fíjate en el número de personas que ganan millones en internet. Piensa en los *influencers*, gurús del *fitness*, todos con sus tribus reuniendo a gente de todo el mundo. De hecho, los tímidos teníamos algo entre manos: vimos y acogimos el potencial del wifi con los brazos abiertos, sabiendo que nos daría poder y nos permitiría comunicarnos y socializar a nuestra manera. Nos adelantamos a los acontecimientos.

> *Recuerdo que cuando tenía 13 años y utilizaba el MSN Messenger, descubrí que era fácil escribir cosas que me costaba decir, pero también me esforzaba mucho por expresarlas en la vida real. Pensaba: si puedo escribirlo, entonces puedo decirlo.*
>
> REBECCA

Por un lado, pasar tiempo en línea nos viene perfecto a los tímidos, pero me pregunto si el hecho de que podamos eludir las conversaciones en persona implica que no nos mantenemos socialmente en forma, que no practicamos la socialización y que podemos asomarnos y alejarnos con facilidad del contacto humano, lo que contribuye a aumentar la timidez. Para reflexionar. (Pero no salgamos. ¿Pedimos comida a domicilio?).

Sin silenciar

No me gustan las juntas y reuniones por muchas razones: estar sentada alrededor de una mesa con un montón de gente que me da miedo, mientras le doy vueltas a todo, esperando siglos a que llegue mi turno para hablar y temiendo ser el centro de atención, no es lo mío.

Quizá por eso me encantan las reuniones en línea. Sí, estar delante de una cámara es mucho peor que enviar un mensaje o llamar por teléfono, pero comparado con tener que hablar cara a cara con una multitud de personas reales, me quedo con el Zoom mil veces.

Durante un tiempo me obsesioné con mi cara. Me preocupaban mis arrugas y manchas y me distraían las expresiones que hacía al hablar y pensar. Y entonces descubrí que existía la opción de quitar el verme a mí misma. ¡Pum!

Hoy en día tengo esto de las reuniones virtuales bajo control. Me encanta todo lo que puedo controlar: presiono un botón y puedo retocar mi aspecto, así que incluso en un día difícil me veo bien. Me pongo pants y tenis o pijama, y mientras no tenga que levantarme, nadie se lo imagina. Tengo notas y apuntes en la mesa, así que nadie sabe que me he preparado a conciencia. Además, si quiero esconderme, no tengo más que apagar la cámara y en Zoom no se nota que estoy nerviosa, mi lenguaje corporal es casi invisible, puedo sentarme en la silla y pasar desapercibida. Asimismo, gracias a la función de chat, podemos expresarnos por escrito sin necesidad de hablar.

Pero ¿es todo esto realmente bueno? Si nos escondemos, todas nuestras ideas, pensamientos y percepciones también permanecen ocultos. Sin esfuerzo, podríamos tan solo deslizarnos entre las sombras, enmascarados y anónimos, con nuestras cámaras apagadas. Podemos comunicarnos estando tras una pantalla, sin necesidad de hablar si no queremos. Podríamos reclinarnos en nuestra silla giratoria y evitar todo contacto social, confiando en cambio en el mundo en línea y en los robots de nuestra vida.

La tecnología, como las redes sociales, las aplicaciones y las herramientas, están diseñadas para crear adicción, para que pasemos más tiempo utilizándolas, compartiendo nuestros datos y viendo anuncios. Es como si nos inyectaran dopamina en nuestras venas. Pero cuando nuestras pantallas resultan más atractivas que nuestra persona favorita sentada a nuestro lado en el sofá, puede que haya un problema.

Pero ¿quizá no todo sea malo?

A veces nos gusta poder interactuar con asistentes virtuales. Nos gusta ser anónimos si queremos. Nos gusta poder interactuar con la gente de una forma que no nos haga sudar la gota gorda. Y si nos divierten los foros, los juegos y las redes sociales, ¿es tan malo?

Al igual que la tecnología nos permite escondernos más fácilmente, también nos ayuda a conectarnos y comunicarnos de la manera que más nos conviene. Seguro eso es algo bueno, ¿no? Dado que con frecuencia sentimos que vivimos en un mundo que no está hecho para nosotros y en el que no encajamos, ¿no es reconfortante que algunos aspectos de la vida moderna nos favorezcan y nos hagan sentir más cómodos y conectados?

PUNTOS SOBRE LA TIMIDEZ

- Internet y los avances tecnológicos nos facilitan evitar la interacción humana.
- Tecnologías como los mensajes de texto, los asistentes virtuales y las reuniones en línea nos ayudan a conectar más cómodamente con los demás.
- Encontrar a nuestra tribu y establecer contactos en internet funciona para las personas tímidas.

Mirando hacia atrás, esta fue posiblemente la suposición más ridícula que he hecho nunca. Mi voz es infantil, suave, pequeña, pero grave, profunda, áspera, gruñona… nadie ha dicho nunca eso de mi vocecita; sin embargo, en ese momento, la lógica y la razón estaban por completo ausentes. Sabía que su comentario iba dirigido a MÍ.

No soy una buena cantante, pero antes de esto había asumido que mi voz era lo bastante suave como para que nadie se diera cuenta, pero después del «escándalo de gruñidos» pensé que mi voz era tan ofensiva para el oído humano que no podía volver a oírse.

Y así empezaron los años de mímica. Incluso ahora, 30 años después, hago mímica cuando canto el «Feliz cumpleaños» en las fiestas. Es completamente ridículo.

Parece que los recuerdos de las representaciones escolares, sobre todo las de Navidad, son fuente de muchos traumas. Me pregunto si los profesores serán conscientes de ello. Maestros, si están leyendo esto: sé que están ocupados y estresados, pero está claro que las representaciones escolares pueden tener consecuencias trascendentales en la vida, ¡y no de las buenas!

Este fue solo uno de los muchos momentos de timidez de mi vida. Cosas que pasaban, que yo no cuestionaba ni pensaba, tan solo sucedían.

Creo que de niña no me daba cuenta de que era tímida, solo era yo, viviendo mi vida. No me daba cuenta en cómo me comportaba ni en lo que pensaba, estaba demasiado ocupada montando a caballo, leyendo sobre caballos, soñando con caballos y haciendo revistas sobre caballos (y haciendo mímica).

No sabía que era una persona tímida. No tenía ni idea. Había cosas que no quería hacer y cosas que prefería, pero no entendía por qué. Vivía mi vida, haciendo cosas, sin plantearme en realidad que fueran de una determinada manera, o que pudieran ser de otra.

No fue hasta que me convertí en una joven adulta que intentaba abrirse camino en el mundo, y a veces luchaba por conseguir las metas propuestas, cuando me puse a pensar más profundamente en mi vida.

CAPÍTULO 6

LA TIMIDEZ SUCEDE

> *Creo que lo más importante que he aprendido de mi madre ha sido: eres humano si tienes miedo, pero nunca debes permitir que el miedo determine la intensidad con la que te enfrentas a una situación. En todo caso, debería hacer que te esforzaras más.*
>
> CAMILA CABELLO, cantante[1]

Estábamos apretujados en el precario escenario improvisado propenso a accidentes con el ensayo de nuestra obra de Navidad en pleno apogeo. La profesora, la señora Allen (una de mis maestras favoritas de todos los tiempos), intentaba convertir nuestro ruidoso coro en algo parecido a un muro de sonido.

«Tenemos a alguien gruñendo», dijo.

Estoy segura de que no se refería a algún animal salvaje. No soy músico, pero creo que aludía a que alguien estaba desafinando, cantando en un tono significativamente más bajo de lo que se consideraría ideal. Desde luego, supuse que era yo.

---

[1] https://www.bramptonguardian.com/whatson-story/7228432-camila-cabello-was-very-shy/.

¿Qué era lo que me frenaba? ¿Por qué la sola idea de ir al karaoke me daba ganas de vomitar? ¿Por qué odio socializar en grupos grandes y ruidosos? ¿Por qué se me da fatal tocar mi propia trompeta? ¿Por qué estoy siempre tan acomplejada? ¿Y por qué ser el centro de atención me hace sudar frío?

En cuanto fui consciente de mi timidez, empecé a entenderla. Con el tiempo, aprendí a trabajar con ella y a asumirla. Si hubiera empezado antes, no habría pasado tantos años estancada, pero bueno.

Entender de dónde viene tu timidez es un paso importante en el proceso de ser tímido y poderoso. El conocimiento es poder: ¡el poder de la timidez!

Aunque seas tímido y te sientas aislado, no eres una isla, existes en una mezcla de mundos diferentes: tu familia, tu escuela, tus amigos, tu barrio, tu cultura. Y cada día, a medida que te abres camino en la vida, estos mundos diferentes tienen un impacto en ti.

No hace falta que busques en tu pasado si no quieres, como una especie de arqueólogo de la ansiedad, esto no pretende ser traumático. Sin embargo, para entender la timidez, puede ser interesante observar algunas de las cosas que experimentaste de niño, para que cuando las veas ahora, en este momento, puedas valorar si necesitas llevarlas contigo el resto de tu vida. Quizá cuando reflexiones sobre las raíces de tu timidez reconozcas conductas o te des cuenta de que puedes hacer a un lado lo que pasó, perdonar y dejar ciertas cosas firmemente en el pasado.

¿Influye el vínculo que tenemos con nuestros padres en la timidez?

Cuando somos bebés, necesitamos a nuestros padres para sobrevivir. Incapaces de conseguir un trabajo, cocinar pasta por nosotros mismos o conducir hasta la tienda, dependemos en gran medida de los adultos. ¿Morder la mano que nos da de comer? No lo creo.

Mi buena amiga y magnífica mujer, la profesora Karen Pine, me lo explicó para que pudiera compartirlo con ustedes:

> *Una posibilidad para tomar en cuenta es que el estilo de apego del niño, y la forma inicial del vínculo de apego con uno de los padres, pueden estar relacionados con la timidez en etapas posteriores de la vida, porque un niño necesita, más que nada, tener un vínculo de apego seguro. Y ese apego implica tener un padre o cuidador principal que esté emocionalmente disponible para él, que haga que el niño se sienta visto y escuchado. Si el niño se siente visto y escuchado y forma un vínculo de apego fuerte, es probable que crezca creyendo que los demás estarán dispuestos a verlo y a escuchar lo que tiene que decir.*
>
> *Sin embargo, en algunos casos es posible que esta sintonía emocional no se produzca y el vínculo de apego no sea seguro. El niño puede aprender que su forma de ser no es aceptable para sus papás.*
>
> *Si hace ruido, se queja o llora, o deja ver su auténtico yo, es posible que esto amenace el vínculo de apego y haga que el adulto se muestre más distante, menos compenetrado y poco disponible emocionalmente.*
>
> *Un niño o un bebé no puede pensar ni entender por qué ocurre esto, no sabe que su progenitor ha tenido un mal día o que tiene sus propios problemas. El niño puede recibir el mensaje de que, para mantenerse unido con firmeza al cuidador principal, para conservar el vínculo de apego puede tener que suprimir su auténtico yo. Es probable que aprendan que ser callados, poco exigentes y menos expresivos mantiene a sus padres cerca de ellos. Es un dilema entre autenticidad o apego, y como los seres humanos nacen indefensos y dependientes de un cuidador, siempre elegirán el apego antes que la autenticidad.*

Elegimos callar para sobrevivir.

¿Cómo influye la vida familiar en la timidez?

Aparte de la predisposición genética a la timidez, pasar nuestros años de formación en un entorno familiar con padres tímidos o ansiosos que se comportan de forma cohibida y temerosa con sus hijos y con el mundo exterior repercute en nuestros sentimientos y comportamiento. Su ansiedad nos contagia.

> *Mis padres eran tímidos, y desde muy joven tuve la sensación de que no serían capaces de defenderme porque eran tímidos, no fuertes.*
>
> SILKE

Los bebés y los niños pequeños necesitan que se les quiera, que se les vea, que se les escuche y que se les cuide. Ser padres no es solo cuestión de fuerza y disciplina. No hay absolutamente ninguna razón por la que una persona tímida no esté preparada para ser un padre o madre fantásticos.

Esquivar la confrontación y las conversaciones difíciles no es exclusivo de los tímidos, muchas personas temen y carecen de las habilidades necesarias para manejar los conflictos. Si, desde pequeños, vemos a nuestros padres negociar y discutir sobre temas difíciles con calma, sin violencia, miedo ni agresividad, experimentamos cómo actuar. Sin este tipo de modelos, nos perderemos esa oportunidad.

Si no recibes este tipo de exposición positiva, no se acabó el juego, no es más que un conjunto de habilidades, no un proyecto escrito en piedra. Tenemos toda una vida de aprendizaje y desarrollo por delante. Si te lo perdiste, quizá sea hora de empezar.

La unidad familiar es como un pequeño ecosistema, con sus propias reglas, rutinas y rituales, así como su propia dinámica de poder y sus limitantes. Formar parte de una familia significa convivir estrechamente con un montón de personas cuyos rasgos de personalidad y comportamientos están destinados a moldear los nuestros.

No es de extrañar, por tanto, que la familia pueda influir en cómo nos sentimos con nosotros mismos, en nuestras creencias y conductas, incluso muchos años después de haber abandonado el hogar.

> *Creo que soy un producto de mi familia; siendo la más joven, con una hermana y una madre muy extrovertidas y ruidosas, me costó mucho tener una voz propia y sentirme cómoda conmigo misma.*
>
> KELLY

Hemos visto que la timidez y la ansiedad social pueden heredarse de nuestros padres. Evidentemente, no es el caso de todo el mundo, y es posible que al leer esto pienses: «No puede ser, mi familia no es tímida en absoluto». Pero parece que para mucha gente la timidez sí tiene que ver con el parentesco.

Si a tus padres les preocupa que te relaciones con los demás, que asistas a fiestas, que viajes en el transporte escolar, que vayas de excursión o que estés en el equipo de futbol, tú también sentirás cierta ansiedad. Estar envuelto en una nube de ansiedad hará a cualquiera sensible al peligro, temeroso de las situaciones sociales y receloso de la gente nueva. Y cuando te sientes así, es menos probable que quieras integrarte, quedarte hasta tarde, hablar o participar.

> *Mi padre se preocupaba por todo y mi madre era bastante tímida. Creo que ambos eran ansiosos, como toda mi familia, porque, aunque eran de piel blanca, tenían un fuerte acento y a veces se encontraban en situaciones incómodas que los hacían sentirse diferentes.*
>
> KAI

Los niños que crecen en un hogar seguro, acogedor y feliz, lleno de amor, calidez, reconocimiento y bienestar, tienen menos probabilidades de sufrir estrés, ansiedad y soledad. Cuando los niños se sienten inseguros con sus papás, pueden tener dificultades sociales y ansiedad a medida que crecen.

Los padres controladores, muy críticos o dominantes también pueden provocar timidez en los niños. La regla del puño de hierro nos hace encogernos, callar y escondernos por miedo a las represalias.

> *Mis padres nunca nos animaron a mi hermano y a mí a hablar u opinar. Cualquier accidente también era ridiculizado. Soy introvertido y en la actualidad prefiero mi propia compañía o la de los animales.*
>
> Isaac

La timidez tiene su origen en el miedo a ser juzgado. Por eso, vivir con padres autoritarios, manipuladores o demasiado intrusivos, que dominan, critican y nos quitan poder, aviva las llamas.

> *Como exmilitar, mi padre era muy dominante y pensaba que los niños debían «aventarse». Creo que esto contribuyó a que yo hiciera lo que me decían y mantuviera la boca cerrada.*
>
> Ashling

Crecer con miedo a hablar o a defendernos nos lleva a encerrarnos en nuestra habitación y en nuestra cabeza. Esto también influye en nuestra forma de comportarnos siendo adultos. El problema es que cuanto más se esconden los niños, más distantes se vuelven y más difícil resulta conectar con ellos. La distancia crece cada vez más.

> *Tener un padre que podía ser retraído y que veía la timidez como un defecto probablemente ha empeorado las cosas para mí, aunque estoy segura de que esa nunca fue su intención.*
>
> Rosario

¿Una infancia estresante nos hace más tímidos?

> *Mi padre murió cuando yo era pequeño. Aunque suene ridículo, además del dolor obvio, fue realmente vergonzoso porque te hace diferente de tus compañeros en un momento en el que no quieres destacar. Asimismo, creo que me hizo muy desconfiado y sensible, lo cual me frenó.*
>
> ARTHUR

Se ha demostrado que la timidez infantil está relacionada con los niveles de estrés en el hogar. Crecer en una situación familiar difícil, en la que los padres discuten o sufren por llegar a fin de mes, puede influir en la timidez. Experimentar el mundo de pequeño puede ser confuso y aterrador, y afrontar experiencias traumáticas como una enfermedad, un divorcio, una mudanza o un duelo cuando se es joven puede ser demasiado complicado. Estos asuntos por sí solos bastarían para sentir angustia y pena, y por si fuera poco, combinados con una predisposición a la timidez, pueden ocasionar un estallido.

> *Vinimos de la India a Londres y llegamos en una noche de niebla y frío invierno y yo estaba asustada. Todo el mundo me parecía pálido y verde. Todo se veía inquietantemente diferente. Creo que de ahí vino mi ansiedad.*
>
> INDIRA

Cuando hay estrés, es más probable que los niños se guarden sus sentimientos y preocupaciones porque no quieren dar más problemas a sus papás. En esas circunstancias, los niños se sienten aislados de sus compañeros, con menos oportunidades de socializar, quizá por motivos económicos o por asuntos familiares. Esto puede llevarlos a ser excluidos o rechazados por otros menores, o a sentirse incapaces de conectar con los demás, lo que provoca un aumento de los sentimientos de soledad, timidez y baja autoestima. Y estos sentimientos de aislamiento retroalimentan el círculo vicioso de la timidez.

El aislamiento conduce a la ansiedad, que a su vez nos lleva a hablar en sentido negativo de nosotros mismos, lo que nos hace escondernos, sentirnos aislados y volver a sentirnos ansiosos.

¿Es posible que una experiencia escolar difícil provoque timidez?

> *Recuerdo la primera vez que fui a la escuela, subí las escaleras hasta mi nuevo salón y pensé: «Es mi oportunidad de hacer las cosas de otra manera, de ser más positiva y menos tímida». Entré al salón, vi a toda la gente, me puse roja y me escondí junto a la pared. Estaba realmente avergonzada y molesta por no poder superar mi timidez.*
>
> SARAH

La vida escolar, con todo su ajetreo, competencia, grupitos y equipos, la presión para hablar y rendir, además de la autoconsciencia propia de la pubertad, es el caldo de cultivo perfecto para la timidez. Incluso sin que ocurra nada especialmente malo o traumático, la experiencia escolar puede hacer que queramos escondernos y encogernos bajo el pupitre hasta que nos graduemos.

Tal vez recuerdes un incidente escolar concreto, como el «escándalo de gruñidos» (véanse las pp. 81-82) —incluso algo en apariencia menor—, que moldeó tu autoestima y te puso en el camino de la timidez. Acaso alguien hizo un comentario que te avergonzó. Quizá te obligaron a hablar en clase y se te atoraron las palabras en la garganta. Tal vez ese momento fue suficiente para que juraras no volver a hablar en el aula, por miedo a sufrir más humillaciones.

O quizá, como mi compañera Harriet, tuviste que hacer una presentación en francés, en Francia, delante de franceses, sobre un aspecto realmente complicado de la lingüística. Tal vez el estrés fue demasiado y empezaste a sudar, tu voz se apagó y te quedaste ahí, aterrorizado. Y después de eso decidiste que hablar en público no era para ti.

O quizá, como yo, tuviste una experiencia traumática en una clase de idiomas que te hizo pasar los siguientes 30 años de tu vida escondido.

El acoso escolar se ha relacionado con la timidez y la ansiedad social. Pero aquí está la clave: las personas más ansiosas a nivel social y que parecen más calladas tienen más probabilidades de ser el blanco en primer lugar.

Los científicos colocaron a un ratón *acosador* en un grupo de ratones que vivían bien durante unos días. Me siento mal por los ratones, la verdad, pero pensemos que los científicos no dejaron que les pasara nada realmente malo y les dieron muchos mimos después.

De todos modos, los cerebros de los ratones acosados por el ratón malo fueron examinados (por fortuna, mientras aún estaban vivos) y se descubrió que tenían niveles elevados de una hormona llamada vasopresina. Esta hormona del estrés aumentó los receptores cerebrales sensibles a los estímulos sociales, y los ratones acosados decidieron mantenerse alejados de otros ratones en general. Tú también lo harías, ¿no? Si me encontrara cara a cara con un ratón acosador de músculos abultados y mirada malvada, yo también tomaría nota mental de evitar juntarme con ratones que no conociera, por si intentaban robarme mi dinero.

Cuanto más te escondes por un deseo de autoconservación, más te olfatean y vienen por ti. Como el ratón malvado que acecha a su próxima víctima, los acosadores o buleadores se enfocan en las personas menos asertivas, con menos probabilidades de defenderse y más propensas a derrumbarse. Buscan a los que están solos y no a los rodeados de guardaespaldas. Su objetivo son las personas demasiado tímidas y asustadas que pudieran acusarlas. Es un terrible triángulo de tortura. Ser acosado destroza nuestra autoestima, conduce al aislamiento, soledad, retraimiento, ansiedad, depresión y, por supuesto, timidez extrema.

El acoso escolar me hizo sentir acomplejada por casi todos mis aspectos físicos. Cuando miro atrás veo a una niña bonita, pero tardé muchos años en superar sus duras palabras. Me rompe el corazón que me sintiera como una marca grasienta que había que borrar.

Mo

Los científicos han demostrado que hasta 35% de las personas ha sido víctima de acoso escolar.[2] Un momento para entenderlo: un tercio de nosotros experimentó miedo y traumas de niños. La infancia debe ser segura y divertida.

El acoso o *bullying* no es un rito de iniciación ni una parte normal de la experiencia escolar. No es algo fácil de superar y dejar atrás, junto con las rodillas llenas de costras, el chicle, los granos y los columpios.

Ser acosado puede tener un impacto aplastante y duradero en nuestra salud mental, causando un amplio espectro de problemas, como ansiedad, trastorno de estrés postraumático (TEPT), rabia, baja autoestima, depresión y ansiedad social. Los niños que sufren acoso tienen más probabilidades de requerir terapia o incluso tratamiento psiquiátrico al llegar a la edad adulta. Estos problemas de salud mental no desaparecen cuando dejamos la escuela, sino que pueden seguir teniendo un impacto negativo a lo largo de los años.

Cuando somos niños, nuestra personalidad aún se está desarrollando, y por eso, sufrir acoso siendo pequeño puede afectar nuestra autoestima. Ser abandonado por tus compañeros y tener que enfrentarte solo al abuso reduce la confianza en las personas, es probable que para siempre. Las víctimas pueden retraerse socialmente y esconderse en casa, lo que les dificulta socializar y hacer amigos durante toda su vida.

---

2. K. L. Modecki, J. Minchina Allen, G. Harbaugh, N. G. Guerra y K. C. Runions, «Bullying Prevalence Across Contexts: A Meta-analysis Measuring Cyber and Traditional Bullying», *Journal of Adolescent Health*, vol. 55, núm. 5, noviembre de 2014, pp. 602-611.

En particular, si nadie te defiende ni te ayuda cuando te acosan, tu desconfianza hacia los demás se consolida, y eso puede durar toda la vida.

Los cortes y los moretones se curan, el tiempo pasa, pero las heridas y el dolor causados por el acoso pueden dejar cicatrices ocultas que no desaparecen tan fácil.

La pubertad es la cereza del pastel

La adolescencia es una etapa grasienta, desordenada, desgarbada, emocional y apestosa. Todos esos cambios, ¡todo ese pelo! No es de extrañar que nos sintamos cohibidos e incómodos, inquietos por nuestro aspecto y por si nuestras partes son lo bastante grandes o pequeñas. Nos preocupamos por encajar, por aparentar, por nuestro cuerpo cambiante… ¡por todo! Y tenemos tantas hormonas bombeando a nuestro alrededor que es un milagro que podamos terminar el día.

> *Al crecer, no encajaba en el molde estereotipado del aspecto que debían tener las chicas, lo que no ayudaba a mi inseguridad. Los medios de comunicación estaban llenos de mujeres y niñas con un aspecto determinado en el que yo no encajaba.*
>
> Annushka

Los intentos fallidos de ligar pueden llevar nuestra timidez a nuevas alturas. Escondemos nuestra timidez tras una máscara de delineador y rímel, o calmamos nuestros nervios y preocupaciones con drogas y alcohol. Holgazaneamos apoyados en paredes, evitamos el contacto visual, nos escondemos bajo capas y flecos e intentamos pasar desapercibidos, callándonos por miedo a la humillación total o al rechazo.

Creo que mi preferencia de andar por ahí con ropa grande y holgada empezó en la adolescencia y se acentuó cuando alguna persona amable hizo un comentario en voz alta sobre mis curvas. Estoy segura de que era un cumplido, pero me dieron ganas de morirme. Y, hoy en día, sigo sintiéndome muy acomplejada por mi figura, como si fuera demasiado y mis curvas tuvieran que suavizarse o aplanarse.

PUNTOS SOBRE LA TIMIDEZ

- Comprender el origen de la timidez puede ayudarnos a superar nuestros miedos.
- Hay una serie de factores que pueden intensificar nuestros sentimientos de timidez:

  - La vida familiar.
  - Padres ansiosos.
  - Padres dominantes.
  - Estrés en casa.
  - La vida escolar.
  - Acoso escolar.
  - Los retos de la adolescencia.

CAPÍTULO 7

ESPÍA TÍMIDO

Odio cuando la gente me pregunta: «¿Por qué eres tan callada?». Porque lo soy. Así es como funciono. No les ando preguntando a los demás: «¿Por qué eres tan ruidoso? ¿Por qué hablas tanto?».

Anónimo

Pasé la mayor parte de mi adolescencia cubierta de lodo intentando controlar a unos caballos grandes y peludos que a menudo tenían otras cosas en la cabeza. Por mucho que me empeñara en superar con estilo y garbo una serie de vallas pintadas de colores brillantes, las cosas no siempre salían según lo previsto. A los caballos les encanta saltar, pero también comer hierba, ver a sus amigos y dormitar. Los equinos son enormes, y yo no lo era. A menos que ambos quisiéramos hacer lo mismo, pero no iba a suceder y acabaría lanzándome por los aires. ¡Auch!

En su libro *Switch*, Chip y Dan Heath comparan la mente consciente y la subconsciente con un elefante y su jinete. No he montado en muchos elefantes, pero me parece que podemos comparar la mente subconsciente con un caballo muy obstinado, y nuestra mente consciente con el jinete: a menos que ambos estén coordinados, no llegarás rápido a ninguna parte.

Puedes pensar que quieres subirte al escenario y dar una conferencia delante de 500 personas, pero a menos que quieras hacerlo consciente *y* subconscientemente, va a ser difícil que suceda. Ambas partes de tu mente tienen que querer lo mismo, tienen que ir en la misma dirección.

En tu mente consciente sabes que cantar en el escenario no te va a matar, no hay tiburones, leones ni espadas samuráis de por medio. Racional y lógicamente, lo sabes. Con tu mente consciente puedes poner en marcha cosas que te ayuden a conseguirlo, como tomar clases de canto, elegir una canción y encontrar un escenario, pero conseguir tu objetivo será difícil si tu subconsciente no te ayuda.

El subconsciente es tu parte emocional y, como un caballo fuerte, es muy terco y poderoso. No se puede obligar a un caballo a hacer algo que no quiere hacer, no importa cuánto se mueva el jinete, si el caballo no lo siente, acabará en el suelo.

Nuestro cerebro nos mantiene a salvo

Había conseguido el empleo de mis sueños trabajando en *marketing* para una empresa de salud y belleza, y no podía estar más emocionada (y no solo por la cantina subsidiada y los increíbles regalos). Por lo visto, necesitaban a alguien con ideas frescas, alguien con un toque de rebeldía que sacudiera las cosas, que ideara estrategias fuera de lo común, que pensara con visión de futuro, que llevara los asuntos por delante, bla, bla, bla…

Pero desde el momento en que puse un pie en la oficina, se hizo evidente que mis grandes planes de cambio iban a ser extinguidos. Me habían colocado —y no creo que haya sido casualidad— frente a una mujer con mayor experiencia que llevaba más de 30 años en la empresa, más tiempo del que yo llevaba en el planeta. Vivía y respiraba el negocio. Era su vida, su pasión, su razón de ser. Estaba completamente obsesionada con su trabajo, pero también contaba los días para jubilarse y vivir junto al mar. Supongo que, en última instancia, se trataba de una historia de amor destructiva, tóxica y absorbente entre ella y el negocio.

Me parecía que esta mujer —llamémosla Amy—, frente a la que estaba sentada, se encontraba ahí para mantenerme a raya y evitar que asumiera riesgos innecesarios. ¿Cómo lo sabía? Bueno, cada vez que se me ocurría una idea ella la desechaba con la clásica frase: «Ya lo intentamos en 1983 y no funcionó».

Si hubiera tenido un micrófono, lo habría dejado caer al suelo. En lugar de eso, ajustaba los lentes en la cadena y volvía a sus hojas de cálculo. Esas interminables hojas de cálculo casi me matan.

Mirando en retrospectiva, puedo ver el lado divertido. Por muy molesta que fuera y por mucho que quisiera verla jubilada, me imagino lo fastidiosa que me encontraba, pobre mujer.

A Amy no le gustaba el riesgo, ni lo desconocido, ni nada inusual o incierto. Quería que el equipo, la marca, la empresa, funcionaran con calma y sin incidentes para poder jubilarse lo antes posible y sin dolor.

Sentarse frente a esta mujer, día tras día, era como estar cara a cara con mi propia timidez: una fuerza controladora, y a menudo negativa, que intentaba frenarme. Todas esas restricciones y limitaciones ayudaban a nuestro equipo a evitar riesgos y a mantenerse seguro y cómodo, pero por Dios, ¡era sofocante!

Y sentarme frente a una fuerza negativa me hundía, me absorbía la energía, al igual que la chispa de los huesos. Me sentía frustrada, no quería que me protegieran ni que me mantuvieran así de pequeña. Tenía tantos conceptos y opiniones dando vueltas en mi cabeza. Por supuesto, no me entusiasmaba la idea de presentar mi trabajo en reuniones, de elevar mi perfil en la organización o de viajar a lugares lejanos por mi cuenta, pero estaba ansiosa por hacer un trabajo creativo y tener nuevas ideas para impulsar a la empresa.

Al cabo de un año, más o menos, dejé ese empleo, no podía soportar que me asfixiaran así.

Cómo desbloquear el cerebro tímido

Para trabajar con nuestra timidez, en lugar de dejar que nos controle tenemos que mirar debajo de la superficie, más allá de cómo se siente la timidez y de cómo nos comportamos cuando somos tímidos. Tal vez si logramos comprender nuestra materia gris podamos aprender a trabajar con ella y a superar los retos que nos plantea.

La amígdala es una pequeña parte de nuestro cerebro en forma de almendra que funciona como una alarma antirrobo, ya que detecta el peligro y nos alerta cuando algo no va bien.

Imaginemos a la pequeña Amy de la oficina, con sus lentes con cadena y el pelo recogido en un moño de aspecto horrible, viviendo dentro de nuestro cerebro. Amy es como una tía protectora, con olfato para el peligro y predilección por la evaluación de riesgos. No es molesta a propósito, solo intenta protegernos. Si pensáramos en saltar de un edificio, atravesar un aro de fuego en moto o luchar contra un león enfurecido, Amy nos pondría los pies en la tierra. Nuestro cerebro intenta mantenernos con vida, y lo hace detectando posibles amenazas, manteniendo el peligro a raya y animándonos a comportarnos de forma más precavida.

Pero aquí está el punto con nuestra Amy, ella tiende a reaccionar de forma exagerada, se da cuenta de cada peligro potencial, y no se lo guarda para sí misma. Llama a su compañera, la corteza cerebral, que es como el centro de control del cerebro encargado de decidir lo que tenemos que hacer a continuación.

Es entonces cuando nuestro sistema nervioso entra en acción y prepara nuestro cuerpo para lo que considera una muerte inminente a causa de una amenaza percibida, por ejemplo, un león hambriento. El sistema nervioso hace sonar la alarma, enciende los aspersores y activa la puerta de la habitación del pánico, por lo que empezamos a sudar y a temblar, y nuestro corazón comienza a golpearnos el pecho.

Esta reacción física desencadena nuestra mente consciente, que entra en pánico y empieza a centrarse en los síntomas físicos. Puede que no lo parezca, pero nuestro cerebro y nuestro cuerpo trabajan juntos para intentar mantenernos a salvo, es la respuesta de lucha o huida. Nuestro cuerpo y cerebro se encuentran en un estado elevado de excitación, la adrenalina bombea duro para que podamos golpear al león o salir corriendo.

Sin embargo, lo más probable es que no te enfrentes a leones a menudo. Es más común que, cuando te sientes tímido, te preocupen cosas que afectan tu autoestima. Quizá te preocupa hablar con alguien que te gusta, tener una reunión con una figura de autoridad, presentar tu trabajo o tener que defender tus puntos de vista. Puede que te preocupe cometer un error, que te juzguen, que te desestimen o que sientas vergüenza. No estás en grave peligro, no te van a cortar en pedacitos para comérselos, pero, aun así, tu cerebro desencadena una reacción física para protegerte del peligro.

Te sudan las manos porque tu cuerpo intenta enfriarte; el estómago se te revuelve porque el cerebro te está desaconsejando sentarte a una comida de tres tiempos, ya que al fin y al cabo tienes que luchar contra un león. También está intentando digerir con rapidez la comida que ya ingeriste para que tengas más energía, de modo que puedas luchar contra esa bestia. Tienes la boca seca y te trabas con las palabras porque la energía se desvía de la boca a zonas más útiles. Te sientes mareado porque la sangre corre hacia tus brazos y piernas, donde es necesaria para que puedas golpear al león y luego salir corriendo.

Es probable que evites el contacto visual y encorves los hombros. Este lenguaje corporal sumiso le dice al león que en realidad eres muy pequeño y nada amenazador, y que no merece la pena comerte; es una forma innata de decirles a tus enemigos que eres pequeño y que no supones ningún peligro para ellos.

Pero esto es lo que pasa: una reunión no es lo mismo que un león; una conversación un poco incómoda con alguien en un bar no es un duelo; una presentación no es una lucha a muerte. Tus colegas (probablemente) no van a darte un puñetazo en la cara si compartes tus ideas en una junta.

Gracias, tía Amy, por cuidar de nosotros, eres muy dulce, pero quizá podrías enfocarte en esas hojas de cálculo para que podamos seguir viviendo nuestra vida.

Constantemente en alerta máxima

Es sensato ser cauteloso y un poco precavido cuando nos enfrentamos a algo nuevo o inusual, pero ¿y si lo llevamos demasiado lejos?

Cuando era una adolescente loca por los caballos, mi caballo, Storm, era un alma sensible, se asustaba con facilidad y era propenso a las desgracias. Una bolsa de basura revoloteando en un arbusto era un ogro listo para saltar; los botes de basura que esperaban a ser vaciados eran monstruos amenazadores.

Como Storm era propenso a hacer locuras, yo siempre estaba alerta. Me volví muy consciente de cualquier amenaza o drama. Podía detectar un posible incidente con una mochila de viaje a un kilómetro de distancia; al igual que leer el tráfico y predecir cuándo alguien olvidaría poner su direccional o no dejarnos suficiente espacio. Olía el peligro.

El problema es que empecé a sentir peligro cuando no lo había. Íbamos caminando, clip clop, clip clop, y yo me imaginaba que tendríamos una muerte prematura porque había un pájaro trinando sobre el árbol. Y como estaba acumulando todo eso en mi mente, esa idea empezó a apoderarse de mí. Estaba ansiosa todo el tiempo.

La timidez es así, podemos volvernos hipersensibles al peligro, incluso cuando no lo hay. Cuando simplemente estamos compartiendo nuestras ideas en una reunión, la sensación de peligro es abrumadora, y la impresión de pavor, miedo y ansiedad dura demasiado. Todo ese pensamiento sobre la posibilidad de peligro, que puede ocurrir o no en el futuro, afecta a cómo nos sentimos en el presente.

Pero no es solo la planificación del futuro lo que provoca nuestra ansiedad; también es el pasado.

Recuerdos y experiencias pasadas

Nuestro cerebro es como un archivador repleto de recuerdos: recordamos situaciones incómodas, aterradoras o que nos dan miedo y las guardamos por si acaso. Almacenamos información sobre cuándo y dónde ocurrieron nuestros miedos y ansiedades…

Hay un grupo de células en nuestro cerebro, cerca de la amígdala, llamado hipocampo, que es como el bibliotecario del cerebro. Saca los archivos de nuestras experiencias y traumas pasados cuando ocurre algo similar.

El hipocampo de nuestro cerebro confabula con Amy, nuestra amígdala. Platican. El hipocampo le da un codazo a Amy, la amígdala, y le dice: «Ya lo intentamos en 1983 y no funcionó. Fíjate, observa este archivo». Y ahí es cuando Amy, la amígdala, presiona el botón de pánico.

Ya sea porque estamos en sintonía con el peligro de cualquier manera, y esperando a que llegue, o porque recurrimos a los recuerdos del pasado, nos sentimos temerosos antes de que algo aterrador o malo haya sucedido. Por eso, cada vez que nos enfrentamos a una situación que nos asustaba, en la que quizá nos pongan en un aprieto, o tengamos que hablar delante de otros, conocer a gente nueva o autoritaria, o hacer algo en lo que la gente pueda juzgarnos, nos sentimos ansiosos y preocupados antes incluso de empezar.

El problema es que las categorías de nuestro sistema de clasificación son demasiado amplias. El hecho de que una vez fueras a una fiesta y te sintieras cohibido no significa que debas sentir ansiedad ante todas las fiestas para siempre. Estampar la palabra «Peligro» en mayúsculas rojas sobre todo tipo de recuerdos nos impide seguir adelante con nuestra vida.

Nuestra interpretación de los hechos

El otro día platicaba con mi hermano Ben sobre nuestra infancia y me maravillaban los altibajos de los cambios de humor adolescentes. Tan gruñones y rabiosos. «Estoy segura de que yo nunca fui así», le dije. ¡Cómo se rio! Dijo: «¿Estás delirando?». Ok. En realidad no lo dijo porque mi hermano es mucho más educado que eso. Creo que probablemente levantó una ceja.

Resulta que su recuerdo de mi niñez no es el mismo que el mío. ¡¿Qué?! Al parecer yo no era tan fría, tranquila y serena como recuerdo. Ambos estábamos allí, viviendo la misma realidad, el mismo momento y lugar, pero una experiencia diferente. Diferentes recuerdos, emociones y creencias.

Todo está sujeto a interpretación. Nuestros sentimientos, reacciones, comportamientos y recuerdos dependen del significado que demos a los hechos. Y la razón por la que esto es relevante aquí se debe a que, para muchas personas, la timidez puede desencadenarse por un acontecimiento o una experiencia. O, mejor dicho, su interpretación de un suceso y el significado que le atribuyen pueden influir en sus sentimientos y su comportamiento.

Desde que tengo memoria he tenido una fuerte sensación de resistencia en determinadas situaciones, sobre todo en lo que se refiere a ser vista y tener éxito. No sabría explicarlo, pero siempre me ha acompañado la sensación de que no podía hacer cosas o de que algo me lo impedía. No era lógico. Incluso en situaciones en las que racionalmente sabía que era capaz, seguía sintiéndome reacia a arriesgarme.

Decidí probar la hipnosis para ver si podía obtener algunos archivos interesantes de las profundidades más oscuras de mi cajón y descubrir de dónde procedían mis sentimientos de resistencia. Bajo hipnosis, mi subconsciente me presentó algunas escenas. Aparecieron como archivos que el bibliotecario me entregó al azar. Estos pensamientos estaban enterrados a tal profundidad en las cavernas de mi materia gris que, de haber estado plenamente consciente, nunca habría sido capaz de encontrarlos.

En una escena, yo tenía quizá cuatro años y acababa de empezar la escuela primaria. Ben y yo estábamos en la misma clase, pero yo me encontraba sola, buscando un libro en una enorme estantería. Estaba preocupada y no sabía qué hacer, no sabía a quién preguntar ni cómo encontrar lo que necesitaba. Me sentía sola, perdida y al límite. Busqué a Ben y, al principio, no lo encontré, pero luego lo vi al otro lado del salón con el profesor y un montón de niños. Sentía que nadie me veía, que no era valiosa y que ya no importaba.

A primera vista, no pasó nada malo. Estaba buscando un libro y no lo encontré. ¿Y qué? Yo estaba bien, pero les di un significado a los sentimientos negativos en esos instantes, diciéndome a mí misma que siempre estaría aislada y al límite, que otras personas son especiales, que tienen cosas que yo quiero, pero que no consigo y que además importan más que yo.

La forma en que interpretamos los hechos y las experiencias, incluso las cosas más pequeñas sin importancia aparente pueden afectarnos de forma relevante, empujándonos a formar creencias que nos limitan, las cuales elegimos llevar con nosotros para siempre.

Durante el proceso de hipnoterapia trabajamos en la transformación de estos sentimientos y creencias para que pueda seguir adelante. Convertimos mi capa de invisibilidad en una de invencibilidad.

La timidez es una reacción sensible

La timidez proviene de nuestro deseo innato de autoconservación. Cuando nos sentimos tímidos, nuestro cerebro intenta mantenernos a salvo. Es normal ser precavido en situaciones nuevas e inciertas. Es inteligente basarse en experiencias anteriores y hacer juicios para tomar decisiones calculadas, y es prudente escuchar y observar antes de pasar a la acción. Solo un idiota se lanzaría a una situación sin comprobar antes si es seguro hacerlo. Esas son las personas que serán comidas por los leones.

Pero la mayoría de las situaciones en las que nos encontramos no ponen en peligro nuestra vida. Dar una conferencia no es peligroso y hablar en una reunión probablemente no implique un peligro grave. Es cuando atribuimos un significado negativo a nuestras experiencias y permitimos que nuestro subconsciente tome el control cuando le damos a nuestro cerebro el poder de impedirnos vivir nuestra vida.

PUNTOS SOBRE LA TIMIDEZ

- La timidez se debe a que nuestro cerebro intenta mantenernos a salvo.
- Para avanzar, las partes consciente y subconsciente de nuestro cerebro tienen que estar en sintonía.
- Las personas tímidas son demasiado sensibles al peligro. No hay leones en las reuniones.
- Archivamos nuestros recuerdos para ayudarnos a gestionar el riesgo.
- El significado que atribuimos a nuestras experiencias puede originar creencias limitantes.
- Permitir que nuestros miedos se apoderen de nosotros nos impide vivir nuestra vida.

CAPÍTULO 8

TÍMIDO, NO ENFERMO

Si no eres una persona [extrovertida], te hacen creer que tienes algo malo… Esa es la historia de mi vida… Darme cuenta de eso me dio mucha fuerza, porque antes pensaba: «Dios mío, debo de tener algo malo, porque no quiero salir y hacer lo que todos mis amigos quieren hacer».

EMMA WATSON, actriz[1]

¿Sabes lo que más me molesta de ser tímida? La forma en que algunas personas me tratan, como si estuviera enferma o padeciera algún tipo de horrible padecimiento. Por suerte, tengo una salud de hierro (toco madera), así que cuando la gente me habla así me dan ganas de darles un puñetazo en la cara.

Por ejemplo, ayer me hicieron una entrevista sobre mi pódcast. Hasta ahí, todo normal. Al final, después de las preguntas de rigor, hubo una pausa muy incómoda seguida de un cambio de tono abrupto. El entrevistador ladeó un poco la cabeza y me preguntó si tenía pareja. Al principio pensé que se me estaba insinuando, lo cual

[1] https://www.thecontentwolf.com/life/the-struggles-of-an-introvert-in-disguise/.

era un poco raro, tomando en cuenta que yo era unos 20 años mayor que él, pero ya sabes, tengo una cara fantásticamente fresca y soy muy energética, de modo que podría ser un error fácil de cometer. En fin, estoy divagando. Me preguntó si tenía pareja porque, aclaró, soy tímida y se preguntaba cómo funcionaría.

La entrevista había ido bastante bien hasta ese momento, pero sin duda se sumergió en las profundidades de la incomodidad después de eso. Ver la lástima en sus ojos no fue agradable. Le expliqué, en voz baja, que soy tímida en ciertas situaciones, pero no con personas en las que confío o con quien estoy casada.

Ser introvertido no se considera una enfermedad y, sin embargo, la timidez es descrita como una «enfermedad social», incluso por autores famosos, psicólogos y expertos en timidez. Asimismo, su real timidez, Philip Zimbardo (¿recuerdas aquel estudio sobre la timidez de la década de 1970? Véase la p. 63), publicó un artículo de enorme trascendencia en *Psychology Today*, en 1975, titulado «The Social Disease Called Shyness» [«La enfermedad social llamada timidez»]. Y yo que pensaba que debía estar de nuestro lado.

> *De niña compraba una revista una vez a la semana y me negaba a hablar con el tendero cuando me dirigía la palabra. Él se dio cuenta y empezó a burlarse de mí por ello. Lo odiaba; me hacía sentir fatal y dejé de ir al puesto. No entendía cómo mi timidez podía divertir a alguien. Durante toda mi vida se han burlado de mí y me han criticado por ello. Me han hecho sentir que hay algo malo en mí.*
>
> EVE

Ya conocemos las estadísticas. Alrededor de la mitad de los seres humanos es tímida, y prácticamente todas las personas del planeta han padecido timidez en algún momento de su vida. No podemos estar todos rotos, ¿verdad?

Fluencia diagnóstica

Cuando un puñado de expertos influyentes se reúne en paneles para revisar los parámetros de enfermedades y dolencias, si consideran que uno es demasiado rígido o menor, pueden ampliarlo para incluir síntomas adicionales, presíntomas o síntomas leves. Al modificar la definición, pueden etiquetar a personas sanas como enfermas y alterar la vida de millones de personas. Es lo que se denomina «fluencia diagnóstica».

Por ejemplo, en 2008, cuando se modificó la descripción de la osteoporosis, el número de mujeres mayores que padecían esta enfermedad ósea aumentó repentinamente de 21 a 72%. ¿Por qué hicieron eso? ¿Por qué iban a etiquetar a personas sanas como enfermas? Oooh, no sé, ¿podría ser, mmm, dinero? Sí. Dinero.

En 2003, un grupo de expertos creó el concepto de prehipertensión o prehipertensión arterial. Es posible imaginar a innumerables personas a las que se les podrían recetar fármacos, cuando antes solo vivían su vida. Montones. Y para empeorar las cosas, 80% de los miembros del panel tenía vínculos financieros con empresas que comercializaban y vendían fármacos para la hipertensión. Estas compañías farmacéuticas les pagaban enormes sumas de dinero por dar conferencias, investigar o asesorar. Hablando de conflicto de intereses. ¡Qué estafa![2]

La fluencia diagnóstica también se ha extendido a la timidez. En su revelador libro, *Shyness: How Normal Behavior Became a Sickness*, Christopher Lane expone el modo en que la industria farmacéutica se ha apoderado de la timidez y la ha convertido de un tipo

[2] Raymond N. Moynihan, Georga P. E. Cooke, Jenny A. Doust, Lisa Bero, Suzanne Hill, Paul P. Glasziou, «Expanding Disease Definitions in Guidelines and Expert Panel Ties to Industry: A Cross-sectional Study of Common Conditions in the United States», *PLoS Medicine*, vol. 10, núm. 8 (2013), e1001500, https://journals.plos.org/plosmedicine/article?id=10.1371/journal.pmed.1001500.

de personalidad o un conjunto de comportamientos perfectamente normales en un problema médico:

> La timidez ya no es solo timidez, es una enfermedad. Tiene varios nombres exagerados, como «ansiedad social» y «trastorno de la personalidad por evitación», aflicciones que según se dice afectan a millones de personas (casi una de cada cinco, según algunas estimaciones).[3]

¿Cómo consiguieron las farmacéuticas rebautizar la timidez como ansiedad social?

En 1994, un grupo de psiquiatras estadounidenses se reunió en un comité y añadió un montón de enfermedades nuevas al influyente libro *Manual diagnóstico y estadístico de los trastornos mentales* (DSM). Esta obra, con sus páginas adicionales llenas de todo tipo de enfermedades nuevas, incluía a nuestra amiga la ansiedad social.

En la nueva edición se han ampliado los síntomas de la ansiedad social para incluir la timidez común y corriente, que antes se refería a un tipo de persona callada y reservada a la que no le gusta ser el centro de atención y que se estresa cuando lo es.

Según la quinta edición del *DSM*, la ansiedad social es:

> Un marcado temor o ansiedad ante una o más situaciones sociales en las que el individuo está expuesto a un posible escrutinio por parte de los demás. Algunos ejemplos son las interacciones sociales (mantener una conversación, conocer a gente nueva), ser observado (al comer o beber) y actuar delante de otros (dar un discurso).

---

[3] Christopher Lane, *Shyness: How Normal Behaviour Became a Sickness*, Yale University Press, 2007.

La definición completa abarca muchos aspectos de la timidez normal, como el miedo a hablar en público, la preocupación por ser juzgado, meter la pata o decir algo equivocado. Esta acepción facilita que a la mitad de la población —cualquiera que sea mínimamente tímido— se le diagnostique un trastorno de ansiedad social, se le etiquete como enfermo mental y se le receten fármacos.

Lane señala que aunque el *DSM* advierte a los profesionales que no deben confundir la timidez con la ansiedad social, esto no aclara nada porque los ejemplos y las definiciones del manual son tan ambiguos y se traslapan tanto que es imposible separarlas.

Este libro es la biblia de los profesionales sanitarios, utilizado por médicos y psiquiatras, así como por aseguradoras, cárceles e incluso universidades. Y según este diccionario, alguien como yo, que se siente incómoda con gente que no conoce o que se pone nerviosa antes de hablar en público, tiene ansiedad social, que es una enfermedad mental. Por lo tanto, si viviera en Estados Unidos, me podrían recetar pastillas como Zoloft, Paxil y Prozac.

El hecho de que ahora se pueda recetar un fármaco como Paxil para la timidez no ocurrió por arte de magia. La empresa farmacéutica GlaxoSmithKline (GSK) sabía que para vender más pastillas necesitaba concientizar sobre la ansiedad social financiando campañas publicitarias, contratando a médicos famosos e incentivando a grupos de pacientes para que ofrecieran testimonios e historias a los medios de comunicación.

El eslogan de la campaña de lanzamiento de Paxil era: «Imagina ser alérgico a la gente». Aparecieron carteles por todo Estados Unidos que decían: «Te ruborizas, sudas, tiemblas e incluso te cuesta respirar. Así es como se siente el trastorno de ansiedad social». Pero no se mencionaba a GSK ni a Paxil. En su lugar, la campaña se presentó como una cruzada general de concientización sobre la ansiedad social, con el distintivo de la (falsa) coalición de trastornos de ansiedad social y sus tres miembros sin ánimo de lucro: la Asociación Estadounidense de Psiquiatría, la Asociación de Ansiedad y Depresión de Estados Unidos y Freedom From Fear. Y como la campaña no comercializaba medicamentos, los anuncios no estaban obligados por ley a mencionar los efectos secundarios de Paxil, entre los que se incluyen temblores, náuseas y falta de libido.

La campaña publicitaria también incluía un comunicado de prensa en el que se afirmaba que el trastorno de ansiedad social «afecta hasta 13.3% de la población» —uno de cada ocho estadounidenses— y es «el tercer trastorno psiquiátrico más frecuente en Estados Unidos, después de la depresión y el alcoholismo». Una estimación más realista se situaría cerca del 2 por ciento.

Y no es de extrañar que, como resultado de esta operación, el tamaño del mercado de la ansiedad social aumentara drásticamente. Razón por la que vendieron montones de medicamentos.[4]

Hablando de oscuridad. Es como una forma de limpieza cognitiva.

Y con ese tipo de mensaje impregnando nuestras instituciones, no es de extrañar que la narrativa en torno a la timidez la catalogue como un problema que necesita solución. Así que tómate estas pastillas y te transformarás en un ser humano más aceptable.

> *Preferiría gestionar los aspectos negativos de formas no medicinales. Hay momentos en los que me tomaría una pastilla para la confianza, si existiera, pero me gustan menos los efectos secundarios y las compensaciones que conllevan los medicamentos.*
>
> MICHAEL

---

[4] Brendan I. Koerner, «First, you market the disease [...] then you push the pills to treat it», *The Guardian*, 30 de julio de 2002, https://www.theguardian.com/news/2002/jul/30/medicine-andhealth.

La ansiedad social se ha hecho viral

El impacto de este cambio de marca puede verse en las redes sociales, donde abundan las curas mágicas, la cibercondría y el drama. Las redes sociales nos rodean de extremos, y la timidez se ha rebautizado para encajar en ellos.

Si observamos la timidez a través de la lente de las redes sociales, veremos que puede parecer un poco insulsa. Pero ¿fobia o ansiedad sociales? ¡Vaya! A alguien que presenta ansiedad social se le va a tomar mucho más en serio que a alguien que tan solo es tímido.

Hace tiempo, cuando trabajaba en *marketing* para una marca de productos sobre el cuidado de la piel, organizábamos foros de discusión acerca de la piel sensible. Reclutábamos a personas con este tipo de piel para que se unieran a estos grupos, de modo que pudiéramos conocer mejor los problemas a los que se enfrentaban. Por ejemplo, los brotes, la picazón, los enrojecimientos, entre otros, pero ocurrió algo extraño. De las 10 personas de cada grupo, solo una o dos tenían realmente la piel sensible, el resto fingía, aunque no se daban cuenta de que lo hacían, y estaban por completo convencidas de que tenían la piel sensible.

A medida que avanzaban las intervenciones, revelaban detalles que contradecían su autodiagnóstico. Hablaban de lavarse la cara con jabón normal o de utilizar productos muy fuertes o perfumados; cosas que nadie con piel sensible haría porque se le caería la cara. ¿Estaban allí por las donas, el café y el dinero? Tal vez. ¿Se sentían solos y querían platicar? Quizá. Pero ¿por qué elegir a este grupo en concreto? Creo que les gustaba la idea de que había algo en ellos que era un poco delicado y vulnerable; algo que necesitaba cuidado y tratamiento especial.

La ansiedad social está por todas partes en Instagram. Mientras escribo esto, el hashtag #socialanxiety [ansiedad social] se ha utilizado alrededor de un millón de veces, mientras que el hashtag #shyness [timidez] se ha utilizado solo 80 000 veces. Existen diferentes puntos de vista, sobre todo si tenemos en cuenta que la ansiedad social es un grave problema y que se sitúa en el extremo más alejado del espectro de la timidez. Me parece que hay cierta moda sobre la #ansiedadsocial, la cual nos está convirtiendo en un montón de cibercondriacos.

Me pregunto qué hay detrás de esto. Quizá la proliferación de hashtags nos ha llevado a etiquetarlo todo, y los algoritmos que los acompañan nos animan a reconocer las tendencias del momento. A lo mejor, el hecho de que la gente no se sienta escuchada nos impulse a recurrir a las redes sociales y a los hashtags para encontrar y conectar con personas en una situación similar. Tal vez el uso de términos clínicos, que patologizan el comportamiento humano normal, nos ayude a que nos tomen en serio y, en última instancia, a obtener el apoyo que necesitamos.

Cuando las cosas no van bien, una forma de llamar la atención es hacer todo de la peor manera. Si las cosas van muy mal, tienes dificultades y tu vida es lamentable, también llamas la atención; puede que sea otro tipo de consideración, pero siguen pendientes de ti. Esa podría ser la razón por la que muchas personas tímidas deciden verse a sí mismas como personas con ansiedad social, porque ser tímido es mediocre, es normal y aburrido. En lugar de tener una timidez buena y aburrida, quieren la versión más dramática en el extremo de la escala.

La timidez existe en un espectro y no hay un punto definido en el que se convierta en ansiedad social. No hay grandes sirenas ni luces intermitentes. Ansiedad social. ¡Alerta, alerta! Aunque, si lo hubiera, está claro que no serviría de consuelo en absoluto. Y, por supuesto, muchas de las características de la timidez imitan los síntomas de la ansiedad social, lo que la hace aún más confusa.

Es bueno que todos hablemos más de salud mental y que la ansiedad no tenga estigmas, pero el hecho de que la ansiedad social se haya reducido a memes y hashtags, y se haya normalizado hasta tal punto, hace que parezca una moda, más apetecible que la timidez.

Lucy Foulkes, autora de *Losing Our Minds: What Mental Illness Really Is – and What It Isn't*, describe una charla con estudiantes sobre su salud mental y se sorprende de que ¡la ansiedad y la depresión parecieran afectar a todo el mundo! Y, sin embargo, esto parece poco probable.

> Lo que sí es posible —en las universidades, pero también en las escuelas, en internet y en conversaciones privadas— es que los individuos de las partes más hospitalarias del terreno de la salud mental hayan empezado a apropiarse una terminología que en realidad debería reservarse para las personas atrapadas en sus profundidades.[5]

El lado negativo

Los tímidos tendemos a suponer lo peor y a menudo creemos que las cosas son peores de lo que realmente son. Podemos quedar atrapados en un ciclo de negatividad en el que pensamos que todo está perdido.

Cuando nuestra timidez se apodera de nosotros y entramos en una espiral de pensamiento negativo, asumimos que las cosas están arruinadas para siempre, y que todo es culpa nuestra. Suponemos que la gente piensa cosas desagradables de nuestra persona y que todo el mundo se ríe de nosotros. Sentimos que todo es difícil y que nada tiene importancia; que nunca superaremos nuestros retos. Nos ponemos la vara muy alta y somos muy duros con nosotros mismos si nos equivocamos o no conseguimos el objetivo. Invertimos demasiado tiempo en el pasado, fijándonos en nuestros defectos y en cómo lo hemos estropeado todo, o mirando hacia delante y preocupándonos

---

[5] Lucy Foulkes, «What We're Getting Wrong in the Conversation about Mental Health», *The Guardian*, 29 de marzo de 2021, https://www.theguardian.com/commentisfree/2021/mar/29/conversation-mental-health-psychiatric-language-seriously-ill.

por las cosas malas que podrían ocurrir. Nos enfocamos en las cosas malas y pasamos por alto las buenas.

Por ejemplo, si vamos a una fiesta y nos resulta difícil mantener conversaciones y deambular por la sala, lo vemos muy mal, exageramos y nos fijamos en nuestros errores. En lugar de pensar en ello con lógica y observar de forma objetiva, decidimos que se nos da fatal hablar de cosas triviales, que no somos atractivos, que no le gustamos a nadie, que todo el mundo piensa que somos raros y que nunca conoceremos a nuestra media naranja por culpa de nuestra patética actuación en la fiesta.

De hecho, somos el blanco perfecto para una campaña de relaciones públicas que rebautice la timidez como ansiedad social. Estamos maduros para la cosecha. Un diagnóstico extremo aprovecha nuestra tendencia al desastre.

La timidez no necesita medicación

Tener un diagnóstico profesional de nuestra experiencia nos ayuda a llevar nuestra timidez a la edad adulta y a que nos tomen en serio, y nos da una explicación más convincente de nuestros sentimientos. Sobre todo cuando la timidez es mal entendida y menospreciada por tantas personas, puede resultar muy tentador querer cambiar de bando.

Es bueno animar a las personas que sufren enfermedades mentales a buscar tratamiento. No estoy en desacuerdo en tratar trastornos graves como la ansiedad social con fármacos, por supuesto que no. La ansiedad social real puede ser limitante y debilitante, tener un impacto muy negativo en la vida de una persona y conducir a la depresión, al abuso de sustancias e, incluso, al suicidio.

> *Me recetaron Adderall en la universidad porque mencioné de pasada a mi médico que me costaba poner atención en las clases. Me ayudó a concentrarme, pero, de forma*

totalmente inesperada, curó mi ansiedad social y cambió mi vida por completo. Todavía recuerdo esa sensación de libertad e intento recrearla mentalmente.

COLTON

Me gusta menos la idea de medicar algo que no es una enfermedad y no tiene remedio. La timidez es una respuesta humana normal, un tipo de personalidad común. ¡La timidez no es una enfermedad mental!

La timidez no tiene remedio. Todos somos diferentes y no hay nada de malo en ello. No hay espacio suficiente para que todo el mundo pueda ser presumido y extrovertido.

THANDIE

Sentirse incómodo o ansioso en determinadas situaciones —como cuando hablas con alguien desde una posición de poder, tienes una cita o te presentas en un gran escenario— es una reacción humana normal. Está bien y es natural sentir miedo o preocupación. Sentirte así no significa que estés deshecho y necesites tomar medicinas para mitigar tus sentimientos.

Hay otras formas de trabajar la timidez que no implican tomar medicamentos. Creo que, si entendemos nuestra timidez —por qué nos sentimos y reaccionamos como lo hacemos—, podemos averiguar cómo aprovecharla y convertirla en una fortaleza. Es cierto que algunos aspectos de la timidez complican la vida, pero otros son un regalo.

Nunca tomaría medicación para mi timidez. Creo que ser tímido forma parte de lo que somos. No puedes curarte.

LOGAN

PUNTOS SOBRE LA TIMIDEZ

- Las personas tímidas no están enfermas ni dañadas.
- Al ampliar la definición médica, la timidez se ha reempaquetado como una enfermedad que puede medicarse.
- Las empresas farmacéuticas han normalizado y promovido la ansiedad social para vender más medicamentos.
- La ansiedad social se ha popularizado, sobre todo en las redes sociales.
- Un diagnóstico arriesgado puede hacernos sentir vistos, escuchados y reconfortados, pero es posible que no sea el diagnóstico correcto.
- La timidez es una reacción humana normal, no una enfermedad mental.

CAPÍTULO 9

LA TIMIDEZ ES EL LÍMITE

Solos podemos hacer tan poco; juntos podemos hacer tanto.

HELEN KELLER, autora y activista[1]

Dorothy Hamill es una campeona estadounidense de patinaje artístico que cautivó a toda una nación en la década de 1970 con sus elegantes actuaciones, su corte de pelo a la moda y su carácter tranquilo.

> *Era tímida y no quería hablar con nadie, así que me enamoré del patinaje. Era donde podía expresarme y acabé en mi pequeño capullo.*
>
> DOROTHY HAMILL[2]

Personalmente, no puedo imaginar nada más revelador que ser patinadora artística. Bueno, aparte de ser *stripper*. La idea del patinaje artístico en sí parece un crisol de retos muy frío. Ser elegante, para empezar, no es mi fuerte, y con el frío que hace, mi nariz roja y

[1] https://quoteinvestigator.com/2014/04/21/together/.

[2] https://www.vailvalleymagazine.com/featured-stories/becoming-dorothy-hamill/.

mocosa, y mi piel de gallina no combinarían con todas esas lentejuelas.

Cada movimiento que haces, cada ángulo de tu cuerpo es criticado y juzgado. ¡Y hay tarjetas de puntuación con decimales! El clima de competencia parece fuera de serie. ¿Alguien se acuerda de *Yo, Tonya*? Es más reina de hielo que alguien sumamente relajado. La presión y la perfección no funcionarían para mí: piel perfecta, pelo perfecto, maquillaje perfecto, dedos de los pies en punta perfectos. No se ven muchas patinadoras sobre hielo desaliñadas y rebeldes, ¿verdad? Además, no sé patinar, así que eso es un problema.

Toda esa presión para rendir, la evaluación constante y la crítica despiadada, y toda esa gente mirando: padres, entrenadores y tus rivales, incluso durante los entrenamientos. Imagínate el estrés de las competencias, que te juzguen así. Si solo consigues 6.23 en un triple TOE LOOP, todo el mundo te regañará. Es muy duro. Y para colmo, si te caes, tienes que levantarte de nuevo, con gracia, con una sonrisa falsa en la cara, fingiendo que no te dolió nada caer de bruces sobre el hielo.

Me pregunto cómo sería una patinadora artística tímida: los jueces, la competencia y las expectativas mezcladas con las complejidades de la timidez. Los psicólogos han investigado la difícil situación del patinador artístico tímido, y resulta, como era de esperar, que en el hielo hace mucho frío.

Me pregunto por qué será. Déjame que te cuente.

Hay expectativas: tener el aspecto adecuado, estar tanto a la altura de las esperanzas de tu entrenador como la de tu familia y amigos, y saber que la gente ha hecho sacrificios y ha invertido su tiempo y su dinero en ti puede hacerte sentir mal.

Como personas tímidas, nos preocupa que nos juzguen en la vida cotidiana, por no hablar de cuando nos critican de verdad. Nos sentimos cohibidos, sobre todo cuando llevamos un traje ajustado y nos observan competidores y público muy críticos. En un hervidero de competición, nos sentimos ansiosos y nos preocupa no ser lo bastante buenos o cometer un error. Podemos sentirnos bastante deprimidos.

> *Creo que soy bastante buena, pero, irónicamente, siempre estoy esperando quedar en último lugar... ¡Qué tan confuso está eso!*
>
> LUCY

Nuestra ansiedad competitiva nos provoca síntomas físicos, como vómitos y temblores, que no ayudan cuando estás dando vueltas en el aire sobre una superficie dura llevando cuchillas afiladas en los pies. Y es un círculo vicioso, o triple axel, si se quiere. Como no tenemos confianza en nosotros mismos, es menos probable que rindamos de forma óptima como podríamos hacerlo. Se ha demostrado que la timidez afecta la capacidad de un patinador para rendir en las competencias, y cuando vas dando giros sobre el hielo en un auditorio lleno de gente expectante y nerviosa, hay muchas posibilidades de que te caigas.

Hablar de caídas es algo que conozco muy bien. Cuando participaba en concursos hípicos locales me ponía tan nerviosa que me volvía una niña caprichosa. Me enojaba con mi pobre mamá, que se había levantado de la cama a las cinco de la mañana un fin de semana para ayudarme. Me sentía mal, me daba un terrible dolor de estómago y después tenía una especie de resuello asmático. Me presionaba mucho a mí misma y a mi caballo, Storm, para hacerlo bien, porque no quería defraudar a nadie y además me daba vergüenza hacer el ridículo delante de todo el mundo. La única vez que mi padre vino a verme me caí de cabeza, casi me rompía el cuello, y terminé deambulando semiconvulsionada, diciendo sandeces. Después de eso, no volvió a verme.

> *Al crecer odiaba ganar cosas porque no quería que me pusieran atención, a no ser que se tratara de algo que me hiciera quedar bien con mis profesores, en cuyo caso no se trataba tanto de competir como de complacer a la autoridad.*
>
> SIMON

A algunos les encanta llamar la atención, pero los tímidos tenemos sentimientos encontrados cuando se trata de ganar. Deseamos hacerlo bien, pero tampoco queremos necesariamente la exposición y la atención que conlleva. Ganar significa medallas, pero también ceremonias, entrevistas y cámaras, con mucha gente observando. Y por supuesto, ganar significa pasar al siguiente nivel y tener que hacerlo todo de nuevo. Ser mediocre es mucho más cómodo, y no entrar en la competencia en primera instancia es la opción más sencilla de todas.

La raza humana

La competencia está en todos lados, forma parte de la vida. Desde el momento en que nacemos y nos integramos a la raza humana nos comparamos sin reserva para ver quién gana, quién habla antes, quién camina primero, quién aprende antes a andar en bicicleta, y así sucesivamente. Competimos para sacar buenas notas, para llamar la atención de nuestros padres, en el deporte, para obtener papeles en obras de teatro y lugares en equipos, para ganar carreras y partidos. Nos juzgamos y nos juzgan durante toda la adolescencia, en las redes sociales y en la vida real. Todo se mide en *likes*, notas y números. Competimos para entrar en las universidades o escuelas, para asegurarnos la mejor educación y un óptimo futuro.

Y luego, en el mundo laboral, competimos para conseguir el trabajo, para ganar concursos y proyectos, y para generar más dinero. Ya seamos contadores, dependientes, abogados, programadores, peluqueros, profesores o albañiles, luchamos contra exigencias, plazos y compañeros. Nos miden, comparan y evalúan.

Socialmente, competimos por tener el mejor aspecto, por conquistar el corazón de alguien, por tener más sexo, por ser más delgados, más altos, más grandes, más guapos o fuertes. Competimos por tener más visitas, más *shares*, más *engagement*, más seguidores.

Por cierto, si quieres experimentar un entorno competitivo demasiado cargado, ve a un partido de futbol infantil, serás testigo de todo tipo de juicios, críticas, rabia, agresiones, lenguaje abusivo y violencia. Y por lo común son los papás quienes se expresan de esta manera.

La presión por competir, triunfar y ganar está en todas partes. La supervivencia del más fuerte está firmemente arraigada en nuestra sociedad. Incluso cuando nos relajamos, competimos por diversión, en deportes, juegos y concursos en bares.

> *Odio las situaciones competitivas, me ponen muy nerviosa. En los concursos o los juegos de mesa con grupos de personas, prefiero no participar porque creo que voy a perder. Odio competir con los demás en el trabajo y creo que este fue uno de los factores que me llevaron a hacerme* freelance*: no tengo que competir con mis compañeros.*
>
> CAROLINE

Es una cosa tras otra. Sentimos que ganar nos hará felices. Vemos lo que tienen los otros y lo queremos, y más: el mejor cuerpo, la mejor casa, el mejor trabajo, coche, vacaciones… Nunca acaba. ¡La raza humana es agotadora!

La competencia se ha salido de control

A mi hijo Jacob le gusta hablar. No siempre conmigo, ni sobre los temas que me interesan, ni en los momentos en que hacerlo es realmente apropiado, pero aun así, le gusta hablar. De bebé era muy parlanchín, lo que a veces resultaba simpático y alarmante, cuando me repetía cosas que yo acababa de murmurar en voz baja.

Un día una amiga se jactó mientras tomaba un «babyccino» de que su bebé «manejaba 120 palabras». Me explicó que cada vez que decía una palabra la escribían en el refrigerador.

Nunca olvidaré ese momento. Manejaba 120 palabras. Yo no tenía ni idea de cuántas palabras «manejaba» Jacob. Sabía que le gustaba hablar y que podía decir algunas cosas, pero la idea de darles seguimiento a sus palabras y contarle a la gente cuántas «manejaba» me parecía una tontería de otro nivel. Digo, todos aprendemos a hablar. ¿Qué sentido tiene contarlas? E incluso si decidieras hacerlo, ¿por qué demonios se lo dirías a alguien?

Pero no podía dejar que el tema se me resbalara de una manera tranquila. Sabía que era ridículo y, sin embargo, sentí la presión de unirme a la carrera. ¿Decidí seguirles la pista a las palabras de Jacob, darle clases de refuerzo y ver si podía enseñarle mandarín y español para poder arrasar con ese bebé la próxima vez que fuéramos a tomar un café? No. No lo hice. Me dije a mí misma que era una pendiente resbaladiza hacia un comportamiento muy extraño, y que estábamos demasiado ocupados caminando sin parar por el parque bajo la lluvia torrencial en un intento de conseguir que Jacob se durmiera como para preocuparnos por todas esas tonterías de mamá.

No quería jugar. La presión de una situación competitiva me parecía opresiva y horrible. Además, nunca ganaríamos, y eso me ponía nerviosa, así que me libré de la competencia, inventé algunas excusas y no le di más importancia. A partir de ese momento los hice a un lado.

Un movimiento inteligente en este caso, creo.

Pero ¿y si la incomodidad de que nos clasifiquen, nos midan y nos critiquen nos lleva a eludir por completo el estrés y el juicio de la competencia? Tememos fracasar y ser juzgados, asumimos que no estaremos a la altura y que no podemos ganar, y por eso no luchamos y nos alejamos. Nos escondemos.

> *Uno de mis hermanos tiene mucho éxito (a nivel mundial) y aunque estoy muy orgulloso de él, creo que, al crecer, la competitividad me afectó hasta cierto punto. De ahí que me retraiga o que el ruedo me parezca menos interesante.*
>
> Harry

Cuando salimos de la arena o el ruedo, es imposible que ganemos. Nuestro desprecio por la competencia no es bueno ni para nosotros ni para la sociedad.

En una tierra de oportunidades, nosotros nos las perdemos

> *Me gusta pasar desapercibida. Ha sido una lucha porque me encanta actuar, pero si estoy con un grupo de gente y alguien tiene más personalidad, me digo: «¡Adelante, a divertirse!». Es mucho trabajo.*
>
> AMY ADAMS, actriz

En algunas culturas la competencia está muy arraigada. Vivir una vida tímida en una meritocracia, donde todo el mundo lucha por sí mismo, puede resultar especialmente difícil.

Estados Unidos, por ejemplo, es la tierra de las oportunidades, donde domina la cultura del individuo. El éxito consiste en saber lo que se quiere y perseguirlo, dominan las grandes personalidades carismáticas y ruidosas. El éxito, la valentía y la aventura forman parte de la columna vertebral de la sociedad. Es cada uno por sí mismo, luchando por triunfar ante cualquier circunstancia.

> *América no se construyó sobre el miedo. América se construyó sobre el coraje, la imaginación y una determinación imbatible para hacer el trabajo que había que hacer.*
>
> Presidente HARRY S. TRUMAN

Esta ferocidad se filtra e impregna cada fibra de la sociedad, desde los deportistas escolares y las porristas hasta la cultura machista de las organizaciones. En las culturas en las que imperan el alfa, el gritón y el extrovertido, la timidez se considera un problema. Allí donde la cultura gira en torno al éxito individual y la competencia, los tímidos suelen ser percibidos como fracasados: bichos raros silenciosos.

No entramos en la arena, ni salimos al escenario, ni al hielo.

Sé *tu* mejor versión, no *el* mejor

Entonces, ¿qué puede hacer una persona tímida? Bueno, una opción sería seguir escondiéndose y no participar. Y eso está bien si es lo que quieres hacer, pero ¿y si no quieres vivir tu vida en un tejado o cubierto por una manta? ¿Y si tienes habilidades y talentos que quieres compartir con el mundo? ¿Y si tienes voz y algo que decir? ¿Y si quieres cambiar el mundo?

¡Tiene que haber una manera! Una forma segura de fracasar es impedirnos siquiera intentarlo.

Cuando empecé a trabajar en esta obra me pasé unos cuantos meses sin escribirla. Me paralicé por el miedo a que mi libro no fuera el mejor, y eso limitó mucho mi creatividad. Estaba más bloqueada que un baño de festival.

En lugar de escribir me dediqué a buscar el lugar perfecto para hacerlo. Compré un montón de plumas nuevas y cuadernos (suficientes para llenar una papelería entera). Me compré una laptop nueva. Me compré zapatos nuevos. Me senté como un zombi en el sofá viendo redes sociales. Me sentí presa de todo tipo de sentimientos e inseguridades.

Sentía que nunca iba a estar a la altura, como si fuera una pequeña e insignificante perdedora. Dudaba de mí misma. Me preocupaba que la gente pensara que no era lo bastante buena, que era una especie de cosa insignificante. Empecé a hacer planes para no hacer nada y quedarme en una habitación a oscuras el resto de mi vida.

Las personas tímidas tenemos grandes expectativas de nosotras mismas, y eso nos da la excusa perfecta para escondernos. Si no vamos a ser los mejores o a ganar a lo grande, quizá no deberíamos ni intentarlo. Claro que podría compararme con las listas de ventas de libros y tal vez decepcionarme por no haber escrito la obra más vendida de todos los tiempos, o podría enfocar el asunto de otra manera: solo porque este libro no sea el único sobre la timidez, o el mejor sobre la timidez jamás publicado, ¿eso significa que no debería haberlo escrito? En un mal día, no estoy segura, pero este libro es mi visión de la timidez, y eso es válido. Este es el mejor libro que *he* escrito sobre la timidez.

Y también, mmm, esto no es realmente una competencia. Es un libro. Y con suerte, va a ayudar a algunas personas.

Del mismo modo, la vida no es una competencia. Todos estamos haciendo lo mejor que podemos. La cuestión es que todos podemos hacer cosas, participar e involucrarnos.

Si solo hubiera una persona que triunfara en la vida y todos los demás que no estuvieran a la altura se rindieran y se marcharan, ¡no quedaría nadie más! Si solo hubiera un peluquero en el mundo, el mejor peluquero de todos los tiempos, y todos los demás se encogieran de hombros, bajaran las tijeras y decidieran rendirse, ¿cómo nos cortaríamos el pelo todos? ¿El hecho de que no seamos los mejores significa que todos deberíamos rendirnos? No.

Cuando la presión por ser el mejor es excesiva, no nos estimula, sino que nos detiene antes de empezar. No podemos ser los mejores si no hacemos nada. En lugar de eso, enfoquémonos en las cosas que nos importan: dar lo mejor de nosotros mismos; disfrutar de lo que hacemos; y, con suerte, contribuir a ello.

Olvidar la fama

Jugar en pequeño es positivo si de lo que se trata es de marcar una gran diferencia.

Elige ser apreciado por un pequeño número de personas y tener un impacto duradero en su vida, en lugar de un impacto de refilón en la vida de muchos; ser verdaderamente apreciado por un puñado de personas en lugar de que un millón de individuos presionen un botón de «me gusta» sin pensar, de pasada, porque les gustan bastante tus zapatos.

Por ejemplo, la tímida niña de tres años y medio que se enfrentó a los acosadores. Cuando esta tímida niña de guardería se dio cuenta de que acosaban a su amiguito, dejó a un lado sus miedos y su torpeza y defendió lo que era justo. No lo hizo por la fama, los *likes*, el reconocimiento o las recompensas. En ese momento, simplemente supo que no le gustaba lo que veía y quiso cambiarlo. Quería corregir un error y defender aquello en lo que creía. Su timidez le dio empatía, le ayudó a darse cuenta de lo que sucedía a su alrededor. Y la hizo poderosa. Tomó las riendas de la situación, consiguió la ayuda que necesitaba del profesor, y al hacerlo creó un gran cambio para ese niño.[3]

Lo importante no se puede medir. Es la piel de gallina que se te pone al saber que alguien ha atravesado el país para oírte leer un poema; la calidez que sientes porque tu proyecto ha ayudado a reunir a una pareja de ancianos o el orgullo que experimentas cuando por fin reúnes el valor para subirte a un escenario, contar tu historia y cambiar para siempre la vida de un joven.

Tengo que recordármelo a diario. Es muy fácil caer en la comparación y la competencia, basta con conectarme a internet para que me invada un sentimiento de inferioridad. El hecho de que mis estadísticas sean pequeñas, mi audiencia ínfima y mi posición baja en el ranking da a mi acosador interior la oportunidad perfecta para empezar a hablar mal de mí.

Medirnos con los demás en una competencia de «lo mío es más grande que lo tuyo» no tiene sentido. Cuando sabemos que lo que hacemos marca la diferencia para las personas y las cosas que son importantes para nosotros, eso es lo que cuenta.

Olvídate de la fama. Dirige tu atención hacia el impacto.

[3] https://www.evansville.edu/changemaker/downloads/more-than-simply-doing-good-defining-changemaker.pdf.

Fuera de la multitud

«¡Formen grupos!». Argh. Esas palabras dan escalofríos a las personas tímidas. Trabajar en equipo y en grupo no es fácil para nosotros, nos gusta el silencio y trabajar de forma independiente. Nos gusta tener paz y tranquilidad para pensar y crear. Cuando trabajas solo no tienes que luchar para que te oigan ni pelearte para hablar. No nos resulta fácil hablar y expresar nuestras necesidades, y en un grupo de gente que no para de hablar a menudo nos cuesta que nos escuchen.

La idea de ser un llanero solitario puede parecer más cómoda, pero ¿es realmente lo más conveniente? Cuando estás solo en el gran mundo las cosas pueden ser desalentadoras.

Ya seas escritor, *freelancer*, artista, estudiante, empresario o deportista, ser una persona solitaria y tímida, que lucha por salir adelante cuando todo el mundo es para sí mismo, no es tu lugar feliz.

Intentar competir, triunfar y ganar cuando estás solo te expone y te asusta. Le huimos a la comparación y el juicio, y existe una fuerte tentación de correr un kilómetro.

Entonces, ¿qué puede hacer una persona tímida?

Comunidad y colaboración por encima de la competencia

En la década de 1970, el psicólogo Philip Zimbardo y sus colegas viajaron a China para investigar la timidez. En un giro inesperado de la trama, no pudieron encontrar a ningún niño tímido en China. A ninguno. Dado que muchos países asiáticos, como Japón o Taiwán, tienen altos niveles de timidez, esto resultó especialmente sorprendente. Entonces, ¿qué hacía diferente a China?

Según sus informes, en aquella época la ideología comunista había creado niños tranquilos y dóciles que trabajaban duro y se concentraban bien. En lugar de fomentar la competencia y la lucha interna, se animaba a todos a trabajar juntos al servicio del Estado. Los investigadores observaron que el éxito personal y la competencia eran menos importantes que trabajar en conjunto.

Los estudiantes chinos se guiaron por el mantra «primero la amistad, después la competencia».

> Parece que la revolución cultural china ha «sacrificado» los valores de la autodefinición, la individualidad, la originalidad y el éxito personal de los estudiantes por los de la identidad colectiva, el desinterés, el servicio al Estado, la industria y la uniformidad. Al hacerlo, también han eliminado la base cultural que hace posible la timidez y factible su desarrollo.[4]

Está claro que un régimen comunista tiene ventajas e inconvenientes. Cof. Y basándome en mis propias investigaciones, en la actualidad sí que hay mucha gente tímida en China, pero imaginemos cómo prosperaríamos los callados en una sociedad donde la amistad fuera lo más importante. Puede que no queramos abrazar el comunismo, pero en nuestra cultura de la competencia los tímidos podemos elegir correr una carrera diferente, podemos optar por la comunidad y la colaboración.

> *A mí me cuesta más que al promedio de la gente sentir que pertenezco a algo. En los cursos de la universidad, por ejemplo, podía tardar casi la mitad del semestre en sentirme parte del «grupo». Una vez que me sentí integrado, ¡fue increíble!*
>
> JAMES

[4] Philip Zimbardo, Paul Pilkonis, Robert Norwood, «The Silent Prison of Shyness», Departamento de Psicología, Universidad de Stanford, 11 de noviembre de 1977.

¿Y si el objetivo no fuera ganar, sino trabajar juntos con gente con la que nos gusta pasar el tiempo para conseguir un objetivo común? ¿Y si uniéramos nuestros conocimientos y recursos para crear las ideas y soluciones más innovadoras y apasionantes? ¿Y si invitáramos a participar a personas con talentos que admiramos, para crear un cambio significativo y duradero? ¿Y si nos diéramos una mano los unos a los otros, en lugar de intentar ganar a toda costa?

> *Me uní a un espacio de trabajo conjunto y organicé salidas los viernes por la noche; fue agradable sentirme parte de algo y me ayudó enormemente a reducir mis ataques de pánico. Llevaba demasiado tiempo solo en casa. También me uní a un grupo local de* networking *para pequeñas empresas y me di cuenta de que estaba en el mismo barco que muchas otras personas, lo que me ayudó mucho.*
>
> LLOYD

Cuando un objetivo común prevalece sobre las ambiciones individuales, nos sentimos cómodos y seguros y tenemos más posibilidades de prosperar.

En un mundo en el que las personas tímidas se sienten aisladas y solas, en el que no siempre se aprecian nuestros talentos y atributos, en particular en sociedades meritocráticas y situaciones competitivas, me parece que podríamos unirnos y apoyarnos mutuamente en lugar de quedarnos en esquinas opuestas de la habitación cada uno por su lado.

> *Soy asistente virtual, así que siempre estoy trabajando en el equipo de alguien o apoyando a otros. Me gusta formar parte de una comunidad y trabajo mejor así.*
>
> CARLY

En lugar de preocuparnos de si somos tan buenos como los demás, o si son mejores que nosotros, o de malgastar nuestra energía deseando ser más parecidos a los otros, podemos enfocarnos en ayudar a los demás, en ser miembros de un equipo, en tender la mano a otras personas y acogerlas, en dar voz a la gente.

Si damos prioridad a la comunidad y a la colaboración frente a la competencia, podríamos hacer las cosas de otra manera. Sería posible crear empresas socialmente responsables y poner en marcha proyectos comunitarios; o podríamos adoptar modelos de precios diferentes, en los que compremos uno y demos otro, o en los que un porcentaje de los beneficios se done a obras benéficas. Midámonos en función de los valores que más nos importan, en lugar de utilizar la vara de medir de otros.

La amistad primero, la competencia después

La competencia en el beisbol escolar en Estados Unidos es mortal. Y la batalla entre Mounds View, un instituto público de un suburbio de Mineápolis, y Totino-Grace, un instituto católico vecino, no fue diferente, sobre todo cuando estaba en juego el prestigioso Campeonato Estatal de Minnesota.

Cuando Jack bateó para Totino en los últimos momentos del partido, se encontró frente al lanzador estrella, Ty, que era su amigo de la infancia. Hablando de una situación sin salida. Alguien iba a irse a casa como perdedor.

Ty lanzó la bola contra su amigo. El bate de Jack pasó cerca de la bola y falló.

¡Strike! Estaba fuera, todo había terminado.

Ty y su equipo habían ganado.

El público estalló. Todo el equipo y el cuerpo técnico irrumpieron en el campo, celebrando y saltando unos sobre otros, en éxtasis.

Pero Ty no. En lugar de unirse a los festejos de sus compañeros, corrió hacia su viejo amigo Jack y le dio un abrazo fraternal que duró 10 segundos. Eso es un abrazo largo. (Personalmente, creo que es demasiado tiempo para un abrazo, pero así soy yo, ja, ja).

> Sabía que tenía que decir algo —explicó a *Bring Me The News de Minnesota*—. Nuestra amistad es más importante que el resultado tonto de un partido. Tenía que asegurarme de que lo supiera antes de celebrarlo.

A pesar de la euforia y el triunfo, Ty sabía lo que realmente importaba. El abrazo se hizo viral y desde entonces lo han visto millones de personas.[5]

A veces necesitamos una razón más grande que nosotros mismos y que nuestros miedos para impulsarnos y darnos el valor que nos hace falta.

Por ejemplo, Jasmine, la chica que me encontré escondida en el pasillo cuando estaba a punto de subir al escenario para dar una plática en la escuela. Estaba allí para recibir un premio, pero no podía ni siquiera enfrentarse a la sala, que estaba rebosante de alumnos, profesores y padres. Aunque había ganado un premio por su trabajo, le costaba entrar al recinto.

Me pareció que nadie la entendía. *Oh, ella hace eso... a menudo se queda fuera de la habitación*. Me sentí tan triste de que ella literalmente no estaba adentro, que se lo estaba perdiendo. Hablé con la chica porque la entendía. Recuerdo que yo misma me escondía en el baño para no recoger un premio cuando iba a la escuela. La idea de subir al escenario era demasiado para mí.

Me habló de su familia, que había venido a verla. Estarían muy orgullosos. El hecho de que sus seres queridos estuvieran felices de verla en el auditorio y recoger su premio le dio la fuerza que necesitaba para abrir la puerta y tomar asiento.

En mi plática le conté mi propia historia y la razón por la que hago el trabajo que hago. Esperaba poder inspirarla para que viera

---

[5] https://www.npr.org/2018/06/12/619145417/after-a-high-school-baseball-game-a-hug-goes-viral?t=1618213608799.

que, dando pequeños pasos, se puede pasar de estar escondido detrás de la puerta a entrar en la sala y, finalmente, estar en el escenario, si uno quiere.

Saber por qué lo haces te ayuda a superar el miedo, el sudor y las ganas de salir corriendo. Porque, si no lo haces tú, ¿quién lo hará? ¿Y cómo vas a tener un impacto, ayudar a tu gente, cumplir tu misión o propósito? Es difícil hacerlo tapado por una manta, o cuando estás mirando a través de una ventana cubierta de viejos pedazos de chicle.

Ensamble de aliados tímidos

> *Al fin y al cabo, soy un solitario; no soy una persona muy sociable... Debido a mi trabajo, la gente piensa que salgo todas las noches, pero realmente odio todo eso. Soy una persona a la que le gusta estar sola y ver a algunos amigos íntimos. Soy tímido e introspectivo.*
>
> TOM FORD, diseñador de modas

Una de las cosas más brillantes de internet es que nos permite conectar con personas que son como nosotros. El hecho de que la gente tímida pueda venir a pasar el rato conmigo en la Sociedad Tímida y Poderosa me parece en realidad maravilloso. Sí, es probable que sea el lugar más tranquilo de internet, pero eso es lo que lo hace especial. Tenemos mucha suerte. Con solo buscar en Google puedes encontrar tu tipo de pandilla, independientemente de donde vivas en este planeta, ni siquiera hace falta salir de casa para platicar con ellos.

Si pasas tiempo con gente que habla por encima de ti, que no valora tu opinión, que no te escucha, que te absorbe hasta el último ápice de energía, detente. Si sales con gente que no te hace feliz, detente. Toma tu distancia. No estoy diciendo que tengas que sacar a la gente de tu vida por completo, ni que canceles a nadie o que hagas algún tipo de anuncio público radical denunciando a las personas de tu vida que te han molestado de alguna manera. Solo que quizá quieras desplazarte un poco para estar dentro de un pequeño grupo de personas que te iluminen. Aliados tímidos.

No dejes que los equipos surjan a tu alrededor. Construye tu equipo de forma consciente, sé un líder discreto, tímido y poderoso.

Empieza poco a poco. Incluso si tu comunidad es más bien un pequeño grupo, no pasa nada. Iniciar con un grupo reducido y perfectamente formado de dos o tres personas es más fácil de liderar que un comité difícil de manejar. Elige a una o dos personas clave y ponte manos a la obra.

> *Formar parte de un equipo es maravilloso, ¡si estás en el correcto! He formado parte de más de un equipo sano y colaborador, uno durante cinco años. En esas condiciones, mi rendimiento y mi alegría se encuentran a tope.*
>
> GEORGIA

Elige a personas positivas que te animen y te hagan sentir bien. Eso no significa que tengas que rodearte de gente que esté de acuerdo con todo lo que dices, eso sería extraño.

¿Has oído un dicho de los plomeros? Algunas personas son radiadores: son cálidas, irradian energía y positividad; son entusiastas y optimistas, es divertido estar en su compañía y te calientan el trasero si te apoyas en ellas. Algunas personas son drenantes, te drenan la energía; son negativas y quejosas, le quitan toda la diversión a la vida y es agotador estar con ellas; a veces hay que desbloquearlas, pero seguramente no querrás estar cerca cuando eso pase.

Elige ser un radiador y rodearte también de radiadores. Elige a personas con habilidades y conocimientos complementarios para suplir tus carencias y busca a gente con habilidades y talentos que sean importantes para ti. Aptitudes como pensar con calma y escuchar, ¿quizá? Pero resiste la tentación de elegir a personas ruidosas y dominantes con la esperanza de poder esconderte detrás de ellas, porque acabarás desdibujándote en un segundo plano. Ya me ha pasado antes.

Cuando te esfuerzas por conseguir grandes objetivos, no todo el mundo querrá acompañarte en tu viaje. A las personas no les gusta el cambio, y cuando te ven cambiar puede que se sientan amenazadas. No pasa nada. No puedes obligar a la gente a entender que estás en el camino de ser más poderoso.

La triste realidad indica que es posible que no recibas un apoyo sólido e incondicional de tu familia y amigos, pero, si puedes, evita a los detractores, a los que mienten, a los que deprimen y a las personas tóxicas. Puedes elegir a quién dejas entrar en tu círculo íntimo.

El boxeo es un deporte solitario, pero los pugilistas no están solos, en el gimnasio cuentan con entrenadores, nutriólogos y, por supuesto, con sus *sparrings* y compañeros de gimnasio. Durante el combate, cada boxeador tiene un equipo en su esquina. Hay alguien que les limpia el sudor y la sangre, y alguien que les da agua; alguien que los cura con esa extraña vaselina; alguien que habla con ellos. En sus momentos más difíciles, cuando un round de tres minutos parece una eternidad, cuando se están esforzando al máximo y cada músculo y tendón de su cuerpo quiere irse a casa a dormir la siesta, definitivamente no están solos.

El *coaching* no es solo para los deportes. Tener a alguien a tu lado que te comprenda, te plantee retos y te haga rendir cuentas puede ayudarte a conseguir más de lo que nunca creíste posible. Alguien que puede ver las cosas con objetividad y conoce tus verdaderas capacidades te ayuda a ser más poderoso. Como boxeadora, sé que ha habido momentos en los que quería rendirme e irme a casa, pero no lo hice, porque mi entrenador, Brian, me ayudó a encontrar esa última pizca de agallas y fuerza.

Todos necesitamos gente en nuestra esquina.

Pide ayuda

Cuando era adolescente, Amika George creó «Periodos libres», una campaña para acabar con la pobreza menstrual. Cuando descubrió que 10% de las chicas del Reino Unido no contaba con recursos para comprar toallas femeninas, Amika decidió pasar a la acción, pero no podía hacerlo sola.

Creó una petición en internet, recabó miles de firmas, organizó una masiva protesta pacífica frente a Downing Street e incluso emprendió acciones legales contra el gobierno. ¡Qué mujer! Al final, el gobierno hizo caso, y a partir de 2019, los productos de higiene femenina se ofrecieron de forma gratuita en todas las escuelas secundarias y colegios de Inglaterra. Guau.

Soy mala para llevar libros, pésima en contabilidad y bastante deficiente haciendo mis propias relaciones públicas, y no tengo problema con eso. También sé que hay muchos quehaceres que no se me dan tan mal, pero que otras personas pueden hacer mejor que yo. Así que en lugar de seguir luchando con todas estas cosas, busco ayuda. No lo veo como aceptar el fracaso, de hecho, me parece inteligente.

Intentar arreglártelas solo en el trabajo o en casa te deja agotado. Seguir adelante, afrontar todos los aspectos de tu timidez por ti mismo, es complicado y completamente innecesario. Negarse a buscar ayuda puede parecer una demostración de fuerza, pero, de hecho, es un gran error.

Entiendo que dejarse llevar y pedir ayuda puede dar miedo. Me preocupaba que la gente no me entendiera, que me juzgara o que, al pedir apoyo, me estuviera defraudando a mí misma. Sé que puedes sentirte como si fueras una molestia y no quieres serlo. Que te sientas a la defensiva, como si te estuvieras abriendo a la crítica.

Pero pedir ayuda no es un signo de debilidad. Como persona tímida y poderosa, no tienes por qué hacerlo todo sola.

> *Si no tienes las habilidades necesarias para crear una empresa, conseguir el trabajo de tus sueños o entrar en un nuevo campo, ve a adquirirlas a través de la escuela, un mentor, cursos en línea, seminarios o lecturas. Solo puedes*

> *crecer hasta cierto punto por ti mismo. Para crecer a lo grande hace falta un equipo de expertos.*
>
> LOGAN CHIEROTTI, emprendedor[6]

Así que pídele a un amigo que te ayude con tu presentación, que te acompañe a un evento, que suba contigo al escenario, que te presente a esa persona a la que has estado observando en el bar. O simplemente habla de tus sentimientos de timidez con un amigo. Con un apoyo a tu lado, ser poderoso es mucho más fácil.

Y si te cuesta pedir ayuda, piensa en la otra persona. Ayudar a los demás es agradable. Te hace sentir bien. Así que ¿por qué privar a alguien de esa agradable sensación?

PUNTOS SOBRE LA TIMIDEZ

- Los tímidos tenemos potencial para conseguir grandes cosas, pero necesitamos estar en el ruedo para tener posibilidades de éxito.
- Abrazando la colaboración y la comunidad, podemos llegar a ser poderosos, juntos.

[6] https://www.growwire.com/logan-chierotti.

CAPÍTULO 10

GRITO DE TIMIDEZ

Yo era el ser humano más tímido jamás inventado, pero llevaba un león dentro que no se callaba.

INGRID BERGMAN, actriz

Rhia llevaba unos días sintiéndose mal. Tenía un dolor intenso en el estómago y no se le quitaba. Llamó al consultorio del médico, pero le dijeron que no había citas disponibles hasta dentro de tres semanas. Como no quería ser un factor de distracción, decidió dejarlo para ver si se le pasaba solo al cabo de unos días. Finalmente, el dolor se hizo tan fuerte que se desmayó en el trabajo. Su jefe insistió en que fuera al hospital para que la examinaran. Esperó sola cerca de siete horas, sentada con tranquilidad en la sala de espera, no se quejó ni increpó a las enfermeras porque no quería molestar a nadie. Pensó que llamaría a su marido cuando tuviera noticias, porque no tenía sentido preocuparlo, ya que estaba en un viaje de negocios.

Los médicos la examinaron, pero no encontraron nada concluyente. Le hicieron una ecografía para comprobar el apéndice, aunque no pudieron verlo. Le preguntaron cuándo le habían extirpado el apéndice, y al referirle que probablemente se lo habían extirpado siendo niña, sintiéndose frágil y desconcertada, no tuvo valor para discrepar.

Había escasez de camas, así que le dijeron a Rhia que esperara en un carrito en el pasillo hasta que alguien viniera a buscarla, pero no vino nadie. Estuvo allí mucho tiempo, sola, dormitando. Pasó aproximadamente un día y Rhia seguía sin hacer ningún comentario. Sus amigos le mandaban mensajes, pero ella no sabía qué decirles, no quería preocuparlos, así que no contestaba.

Cuando su marido, que estaba en Sudáfrica, no supo nada de ella durante un par de días, se preocupó. Intentó localizarla, pero nadie parecía saber dónde estaba. Llamó a su oficina y averiguó lo que había pasado. Cuando se dio cuenta de que no la habían vuelto a ver desde ese momento, se asustó, tomó un avión y corrió a casa.

Cuando llegó al hospital, localizó a Rhia y la encontró en condiciones lamentables, ¡no podía creer lo que estaba viendo! Apenas podía reconocer a su esposa. La estaba perdiendo. Gritó e increpó a los médicos. Abogó por ella en un tono grave.

Resultó que Rhia tenía apéndice, pero se le había reventado cuando se desmayó en el trabajo, y desde entonces se estaba contaminando por dentro. La realidad es que se moría de forma lenta en el pasillo, demasiado débil y dócil para armar un escándalo. Se había colado en silencio entre las grietas. Rhia fue llevada rápidamente al quirófano y, por suerte, se salvó de último momento.

Nosotras, las personas tímidas, tenemos la tendencia a callarnos ante algo importante. En momentos de estrés y peligro, nuestra amígdala entra en acción y, como hemos visto antes (véanse las pp. 98-100), comienza a bombear sangre a nuestras piernas y brazos para que podamos luchar contra los malos ante los que nos enfrentamos. Desvía la atención de nuestra boca, garganta y mandíbula, para que no podamos meternos donas o sentarnos a platicar cuando deberíamos estar luchando contra leones. Muy bien, tía Amy, qué útil.

La gente tímida está dominada por sentimientos de miedo, preocupación y temor. Pueden parecer tan insuperables que algunos preferiríamos morir en silencio en un carrito antes que llamar la atención o arriesgarnos a una confrontación.

No hagas una escena

Leonie olía mal, todos en el colegio lo decían, lo mencionaban en el recreo, escribían notas sobre ello, lo susurraban.

Me gustaba Leonie, no éramos mejores amigas ni nada, pero era simpática, y estoy cien por ciento segura de que Leonie no olía mal.

Durante un par de años pensaba en eso todos los días: Leonie no huele. ¿Por qué dicen eso? Pero nunca dije nada y, al día de hoy, me siento muy mal por no haber enfrentado el asunto.

Tenía demasiado miedo de ser la siguiente a la que acusaran de oler o parecer rara o, lo que es más probable, de sonar rara. No alzaba la voz. No hice nada ante la injusticia colectiva, permanecí en silencio. La amenaza social era demasiado aterradora, no decir nada era más seguro para mí, pero no para Leonie.

¿Por qué no decimos nada? Porque tenemos miedo de molestar a la gente, de la confrontación, de lidiar con la torpeza y la incomodidad. Cuando presencio una disputa, corro un kilómetro porque no me gusta, nunca me ha gustado. (Un poco extraño para una boxeadora, pero bueno). Incluso escribir sobre ello me hace retorcerme, preferiría hacer cualquier otra cosa antes que tener que mantener una conversación difícil.

Nuestros antiguos vecinos solían gritarse. Sus gritos eran tan fuertes e intensos que no se sabía quién le gritaba a quién, pero la forma en que se hablaban era horrible. Ella estaba embarazada y a mí me preocupaba el bebé, me ponía de nervios, e incluso con un muro de 120 años de antigüedad que separaba nuestras dos casas, me sentía demasiado cerca. Es difícil relajarse viendo la tele cuando te preocupa un baño de sangre en la casa de al lado.

Quería decir algo. Nos cruzábamos en la calle y yo quería hacerle notar que podíamos oírlos, para saber si se encontraba bien, pero no lo hice. Al final, para evitar una conversación incómoda, nos mudamos de casa. Al estilo de Homero Simpson, prefería simplemente desaparecer de espaldas en un seto, prefería desvanecerme antes que tener que ocuparme de esas cosas.

Un verano muy caluroso, cuando era adolescente, trabajé en la cocina de un bar muy sudoroso. El dueño era un pervertido y hacía comentarios inapropiados y se frotaba contra las chicas cuando pasaba cerca de ellas. Aunque me sentía incómoda, no quería hacer una escena, así que no dije nada, y mucho menos le di un rodillazo en los testículos. Fui una buena chica.

Ha habido tantas ocasiones en las que no he dicho nada, en las que no estaba de acuerdo con lo que se decía; situaciones en las que quería defenderme, o hacerme valer, o expresar mis opiniones o deseos y necesidades. Pero no lo hice.

Con el tiempo, el silencio se acumula. Cuanto menos hablas, más difícil te resulta; ya sabes lo que pasa cuando te levantas por la mañana y, como llevas años sin decir nada, cuando hablas, tu voz suena ronca y susurrante. Es así.

Dejamos de lado nuestras necesidades

La gente se equivoca con mi nombre todo el tiempo: Nadine. Nardia. Natalie. Me digo a mí misma que estoy tan acostumbrada a que la gente se equivoque que por eso no digo nada, pero la verdad es que nunca digo nada porque es incómodo.

Sé que debería corregirles a la primera, pero no lo hago y pasan los años. Ahora, decir algo sería ridículo. «Por cierto, llevas siete años diciendo mal mi nombre, solo que me daba vergüenza decírtelo».

El fin de semana pasado me sentía muy cansada y abrumada por la vida, me había desvelado un par de veces y había estado trabajando mucho, con prisas y realizando demasiadas cosas. Mi cuerpo me decía que descansara, sentía que no tenía nada más que dar. Lo único que quería era acurrucarme con mi libro, en silencio, sin que nadie me molestara durante una o dos horas. Sentía un deseo genuino de hacerlo; una fuerza me empujaba hacia mi libro y mi cama. Sabía que, si conseguía relajarme un poco, podría volver a salir al mundo sintiéndome radiante y reluciente, pero los mensajes seguían llegando: personas con sus dramas, gente que necesitaba ayuda. Mi amiga llamó, quería hablar, pero la recepción era mala y su teléfono se cortaba. Le regresé la llamada, en total le marqué siete veces. Más mensajes, más recordatorios. Todo el mundo quería un trozo de mí, y todo lo que yo quería hacer era leer mi maldito libro. Realmente sentí desesperación, o como si fuera a llorar.

¿Se lo dije a alguien? ¿Le expliqué a alguien que no estaba en condiciones de ayudar a nadie en ese momento porque estaba cansada y no tenía espacio en la cabeza y solo necesitaba un momento? Por supuesto que no. No importa, está bien. Lo que quieras está bien para mí, lo que quieras decir me parece bien, lo que quieras hacerme, está bien, pero ¿realmente es así?

¿Vivir nuestra vida como un peluche, demasiado asustados para hablar? Esa no es forma de vivir.

Cuando callas no participas

Callar es más fácil en el momento. Nadie se ofende, nadie se enfada, nadie tiene que cambiar lo que hace, pero a largo plazo es frustrante y exasperante. El silencio conduce al arrepentimiento. No puedes implicarte, ni decir que sí, ni decir que no, cuando estás callado. Es más probable que te pasen por alto o te subestimen. Es más probable que te pierdas algo.

Sí, tienes un diálogo valioso y fascinante en tu cabeza, pero no interactúas con otras personas. Tus pensamientos, ideas y opiniones nunca ven la luz. Cuando estás callado, no experimentas la vida plenamente, no actúas ni haces amigos ni participas en las conversaciones, no vives nuevas experiencias ni te diviertes. Acechas en la sombra, como un fantasma.

Hablar en la escuela

Quieres levantar la mano porque tienes algo que decir, pero te asusta la idea de que te estén mirando 30 personas; te preocupa meter la pata o equivocarte. Recuerdas la vez que dijiste algo y todos se rieron de ti, así que mejor te quedas callado. Es frustrante porque estás lleno de ideas y tienes muchas ganas de hablar, pero callarse es menos complicado.

> *Cada vez que un profesor hace una pregunta en clase y yo sé la respuesta, no contribuyo. En todas las reuniones de padres me piden que participe más de manera más activa, como si me encantara, pero el que tú lo digas no cambiará nada, ya que no es culpa mía.*
>
> SMITH

Hablar socialmente

No me peleo con la gente principalmente porque nunca les digo que me han molestado. He aguantado todo tipo de tonterías, juicios y comportamientos extraños de personas que se supone que son mis amigos, y he evitado decirles cómo me siento porque no podía hacer frente a la incomodidad de la confrontación.

> *En el trabajo no me cuesta defender a mis pacientes o compañeros y hablar en su nombre, pero en el aspecto social me resulta difícil y me siento ignorado por los más extrovertidos, lo que me lleva a encerrarme más en mí mismo. A menudo siento que no tengo nada interesante que decir.*
>
> MASON

Hablar claro en las relaciones

Quedarse callado en una relación no solo es incómodo, sino que puede ser peligroso. Por ejemplo, mi amiga Carrie: la primera vez que él fue duro con ella, ella no habló, pensó que no era conveniente y lo escondió debajo de la alfombra, no quería disgustarlo ni hacer un escándalo, así que le siguió la corriente. Tenía dudas y una vocecita en la cabeza que le decía que se fuera, pero no lo hizo. Con el paso de los meses, fue menospreciada y reprendida. La mano se cerraba cada vez más alrededor de su garganta hasta que fue imposible hablar con nadie.

¿Alguna vez te has quedado más tiempo del que deberías? ¿Te has callado en lo que respecta a lo que tú necesitas? ¿Has acallado las voces de tu cabeza que te dicen que te defiendas?

El silencio empieza por algo pequeño, pero crece y crece hasta que hablar resulta imposible. Si callas tus propias necesidades durante mucho tiempo, al final ni siquiera sabrás lo que quieres.

> *A menudo no hablaba en mi matrimonio, pero ahora que soy una mujer mayor y tengo muchos motivos para estar enojada, hablo cada vez más. Esto ha provocado una gran ruptura entre nosotros. Supongo que mi marido lleva años sin darse cuenta de lo infeliz que soy. He sufrido en silencio y no he sido lo bastante fuerte para mis hijos. A lo largo de los años han pasado muchas cosas de las que ahora me siento culpable; culpable por no haberme enfrentado a él ni haber hablado.*
>
> VELDA

Hablar claro en el trabajo

Hablar y dar la cara en el trabajo puede ser difícil, sobre todo cuando eres una persona tímida y tu oficina parece un coliseo lleno de personas gritando y tú eres el gladiador novato que lucha por sobrevivir. En la mayoría de las organizaciones no existe una cultura de escuchar o alimentar las voces más silenciosas. A menudo nos sentimos poco calificados para el trabajo que hacemos y nos da miedo hacer oídos sordos o desafiar a los altos cargos. En los lugares de trabajo donde la jerarquía está muy marcada y los jefes dominan, para las personalidades a las que no les gusta que las cuestionen o critiquen, alzar la voz puede parecer un ejercicio inútil.

El resultado es que las voces más tranquilas se silencian, las ideas se ocultan, las soluciones no se comparten.

Cuando conseguí mi primer trabajo al terminar la universidad, me dijeron que tenía que mejorar mi perfil, pero no tenía ni idea de cómo hacerlo. Si soy sincera, no sabía muy bien a qué se referían, sabía que era buena en lo que hacía, así que ¿por qué tenía que gritarlo y agrandarme? Seguro que la gente se fijaría en mí por el trabajo que llevaba a cabo.

Pero no era así. Me di cuenta de que algunas personas parecían saber cómo jugar, conseguían grandes oportunidades y se atribuían méritos por cosas que no habían hecho. Tenían el don de hablar con seguridad en el momento justo, aunque no aportaran nada a la conversación.

Y mi silencio era ensordecedor.

> *Tuve miedo de hablar cuando alguien me hizo un comentario racista. Era la primera vez que alguien me decía algo así, y ocurrió en el trabajo. Me sorprendió y me quedé callada. Más tarde, me castigué por ello, porque sentía que no había defendido mis valores y mi verdadero carácter. Tenía miedo de que esa persona influyera en mis futuras ofertas laborales y de que los demás pensaran que estaba siendo dramática porque tenía fama de ser agradable y tranquila. Habría sido un gran cambio pasar de ser la empleada callada a la conflictiva. Además, era relativamente nueva y estaba empezando a acostumbrarme al entorno, temía decir algo que empeorara el*

conflicto y que nadie me apoyara. Esta experiencia fue la que me hizo darme cuenta de que mi timidez tenía que mejorar, si no por mi propio bien, por el de los demás que tienen que enfrentarse a cosas así.

SELMA

Recuerdo el día en que nuestro nuevo jefe, Paul, entró en escena. Fue como una toma de poder. Era un enorme macho alfa en una oficina de mujeres tranquilas. A lo largo de las semanas siguientes me di cuenta de que su estrategia era ir sustituyendo a la gente, una a una, mientras él traía a todos sus compañeros de su antiguo lugar de trabajo. Fue una experiencia extraña llegar cada día a la oficina y ver que alguna compañera había sido reemplazada por un tipo grande y arrogante. Era como si el reloj anunciara la medianoche y los clonaran, un traje a la vez.

El ambiente del lugar cambió tan sutilmente que me pregunté si me lo estaba imaginando hasta que un día, en una reunión, me di cuenta de que estábamos rodeados de toda una pandilla de Pauls. Incluso bromeaban diciendo que la banda había vuelto a juntarse.

Paul estaba feliz. Yo no. Me fui poco después.

Supongamos que Paul era genial en su trabajo. No parece muy extraño que buscara a otro Paul, pero ¿toda una compañía de Pauls? Esos son muchos Pauls. Y un montón de hombres calvos de mediana edad que fueron todos a la misma universidad, apoyan al mismo equipo deportivo, viven en la misma zona, en el mismo tipo de casas, hacen el mismo tipo de trabajo, ganan la misma cantidad de dinero y tienen las mismas opiniones políticas. Lo mismo, lo mismo, lo mismo, lo mismo.

Es propio de la naturaleza humana sentirse atraído por personas como nosotros. Cuando formamos equipos o contratamos personal, tendemos a escoger a esas personas. Se llama homofilia y puede ser consciente o inconsciente, pero el resultado es que nuestro entorno se va formando únicamente por personas que son como nosotros y que tienen más probabilidades de estar de acuerdo con nosotros.

Como persona tímida, conseguir ese gran ascenso o hacerse con ese puesto en la directiva no es nada fácil. Y como las personas que ocupan los puestos de poder toman las decisiones y forman los equipos no se parecen en nada a nosotros cuando se trata de contratar a su imagen y semejanza, no coincidimos con el perfil.

Pero ¿obtiene esta camarilla calcada mejores resultados? Mmm, no. Al rodearte de un montón de clones estás debilitando a tu equipo y tus posibilidades de éxito. Cuando todos piensan lo mismo, dicen lo mismo y hacen lo mismo, las cosas se desvanecen.

Es la razón por la que Matthew Syed sostiene en su libro *Rebel Ideas* que Osama bin Laden fue capaz de orquestar los atentados terroristas del 11 de septiembre. La CIA estaba repleta de hombres blancos de clase media y alta que en su mayoría habían estudiado el mismo tipo de asignaturas en la universidad. Claro, tenían una buena educación, pero eran demasiado parecidos. Habían experimentado situaciones similares, vivido en el mismo tipo de zonas, conocido al mismo tipo de gente, trabajado en el mismo tipo de empleos. Tenían una visión similar de la vida.

Sin saberlo, se habían convertido en lo que Syed llama «ciegos colectivos». Por eso no detectaron pistas importantes sobre Osama bin Laden. Su conocimiento del islam era extremadamente limitado y lo subestimaron de forma grave. Sus prejuicios los cegaron y nunca consideraron que un tipo desaliñado y mugriento que vivía en una cueva pudiera ser capaz de planear una atrocidad que mató a miles de personas.

> *En mi trabajo solía ayudar a una chica que apenas hablaba. Sentía empatía por ella y, de hecho, solía hablarme. En una reunión sobre ella con otros miembros del personal intenté explicar esa sensación de saber qué decir, pero ser incapaz de hablar, de sentirse físicamente incapaz de expresarlo. Pregunté si alguien más había tenido esa experiencia. Nadie levantó la mano.*
>
> BLONDENE

Es difícil cuestionar las cosas cuando te preocupa ser la única voz discrepante, pero es posible que todo el mundo se limite a asentir y darse palmadas en la espalda sin pensar con cierta lógica.

Imagina que eres el único hablante nativo de inglés en un equipo de producto internacional. Estás sentado en una reunión en la que se aprueba la redacción de la etiqueta de un gel de baño que no tiene ningún sentido en inglés. Imagínate mencionar eso en voz baja y que te digan que estás equivocado.

Sabía que la decisión que estaban tomando era una locura, y también sabía que en ese momento no querían que les dijeran que estaban equivocados. No querían escuchar, y yo no quería agitar las aguas, así que respiré hondo y no dije nada. Sucumbí a la presión de conformarme.

Después hablé tranquilamente con uno de mis compañeros de equipo y resultó que él también tenía dudas, pero ninguno de los dos había dicho nada.

Este problema se llama la paradoja de Abilene, es lo que ocurre cuando un grupo de personas toma una decisión que va en contra de su buen juicio individual. Sucede cuando cada persona piensa que es la única que no está de acuerdo y decide no decir nada. Pero si nos da miedo hablar de lo que dice una etiqueta de un producto, ¿qué pasa cuando nos enfrentamos a algo más serio?

Trabajaba los domingos en una cocina delicatessen, misma que no estaba nada limpia, de hecho, estaba francamente sucia. Hice todo lo que pude para limpiarla, pero la verdad es que no hice la diferencia, y cuando encontré la popó de ratón lo primero que pensé fue que no quería meterme en problemas ni perder mi trabajo. No quería ofender a nadie, así que no dije nada.

En 1989, un Boeing 737 que volaba de Londres a Belfast tuvo una avería en uno de sus motores. El capitán anunció por el altavoz que había apagado el motor derecho, pero la tripulación de cabina y los pasajeros advirtieron que, en realidad, era el motor izquierdo el que estaba envuelto en llamas. El capitán se había equivocado y el avión se había quedado sin motores, pero nadie dijo nada. La tripulación sabía que no debía interrumpir ni criticar al capitán. Los pasajeros podían ver el fuego en el lado izquierdo del avión, pero dieron por hecho que el capitán tenía la situación bajo control.

El avión se estrelló antes de llegar a la pista, ya que chocó en un costado de la autopista M1. Murieron 47 personas. El análisis de las grabaciones de las cajas negras reveló que la falta de desafío a la autoridad es un problema importante en la industria de la aviación. Los miembros más jóvenes de la tripulación o los copilotos tienen dificultades para hablar, sobre todo en momentos de crisis, y si lo hacen no son lo suficientemente directos, lo que hace que se ignoren sus comentarios.

Los médicos deben ser capaces de comunicarse bien en equipo, sobre todo en caso de una emergencia, pero también deben tener las habilidades y la confianza necesarias para desafiar a la autoridad. La creación de una cultura de la denuncia y la seguridad psicológica en el trabajo es crucial en los hospitales si se quieren evitar casos como el de Elaine Bromley.

Elaine era una joven sana que luchaba por respirar. Dos experimentados anestesistas y un otorrinolaringólogo intentaron una y otra vez ayudarla a respirar. A medida que aumentaba el nivel de pánico en la sala, las enfermeras se daban cuenta de lo crítica que se estaba volviendo la situación, sabían que una traqueotomía era la única forma de ayudarla a respirar, pero aunque trajeron el equipo a la habitación, no lo sugirieron. Dichas enfermeras intentaron insinuar que algo iba mal, evitando criticar al personal superior. No fue suficiente. Elaine murió.

En otra ocasión, un equipo quirúrgico estaba preparando a un niño para una operación. Una doctora que se encontraba en la sala se dio cuenta que iban a intervenir la mano equivocada, así que intentó advertirles del error, pero no le hicieron caso. Intentó nuevamente informarles que estaban cometiendo una equivocación, pero se enojaron y le dijeron que se callara. La operación siguió adelante con la mano equivocada.

Decir lo que piensas es difícil, sobre todo cuando eres una persona con poco poder en el escalafón más bajo de la jerarquía. Puede que te sientas intimidado porque no tienes tanta experiencia o conocimientos, o que seas una voz silenciosa en una sala llena de voces fuertes.

Hoy en día, el sector de las aerolíneas está abriendo camino para crear una cultura en la que es seguro alzar la voz, y, como en el Servicio Nacional de Salud del Reino Unido (NHS), existen estructuras jerárquicas similares, comparten sus conocimientos con los equipos médicos. Los pilotos y copilotos han recibido formación para comunicarse con claridad utilizando un lenguaje inequívoco. Se les enseña a emplear frases desencadenantes específicas, como «Estoy preocupado», «Me siento incómodo», «Esto no es seguro» y «Tenemos que parar». Se les anima a que informen de sus errores, acepten comentarios y sean más asertivos.

Hacer que la timidez nos beneficie en el trabajo

> *Me resulta difícil expresar mis opiniones cuando hay una presencia abrumadora y ruidosa, como que me encojo. Creo que sería un buen comienzo que más gente reconociera que no pasa nada por ser tímido, y también sería estupendo no llamar la atención a la gente por ser tímida. Las personas tienen la necesidad de decirme que soy callada, mientras que no estoy segura de que le dirían a alguien: «Dios, eres muy impertinente, ¿verdad?». Creo que hace que los demás se sientan incómodos.*
>
> KRISTAL

Esto es muy importante para el futuro del trabajo, de la sociedad y del mundo tal y como lo conocemos. Solo digo.

> *Reuniones mal gestionadas dominadas por individuos o por sus agendas. Me encuentro con esto a menudo trabajando en el gobierno, que, a pesar de pretender ser inclusivo, puede estar impulsado por algunos temas de*

> *peso en los cuales los sentimientos individuales pueden diluirse. Hace poco experimenté lo contrario, cuando el presidente empezó diciendo: «Vamos a comprobar cómo nos sentimos». Fue una sensación de empoderamiento maravillosa.*
>
> Ash

Si quieres que vaya a hablar con tu empresa para que sea más amigable con las personas tímidas y tal vez darles una pequeña patada en el trasero para que se oigan todas las voces, envíame un mensaje y ¡allí estaré!

Más extraño que la ficción

He estado viendo el drama policial francés *Engrenages*, que significa «engranajes». Es descarnado, apasionante y, para ser sincera, bastante horripilante. Tengo que pasarme aproximadamente 10% de cada episodio mirando hacia otro lado, y no te recomiendo que cenes mientras la ves.

En un episodio, un testigo de un asesinato era tímido, o *timide*. La abogada le gritaba que dejara de ser tan tímida, y cuanto más le vocifereba, más se encogía la mujer, incapaz de hablar. La cuestión es que ella era la única testigo del asesinato, por lo que su testimonio era crucial para condenar al responsable.

Al ver el capítulo se me ocurrió que si las personas tímidas somos incapaces de hablar, por ejemplo, en la sala de un tribunal, puede haber graves consecuencias. El proceso judicial se desarrolla como un drama, con una audiencia y demasiada presión, es otro escenario no diseñado para que las personas tímidas brillen.

Y resulta que esto no es solo cosa de ficción: un jurado de Sídney oyó que una niña había sufrido abuso por parte de su profesor de natación durante varios meses, pero que había sido demasiado tímida para contárselo a alguien o decir algo.

> *«Era demasiado tímida para decirle que se detuviera y demasiado tímida para decírselo a mis papás. Simplemente no quería hablar de ello», dijo.*[1]

La sociedad y sus estructuras no han sido diseñadas para nosotros, los tímidos. Vivimos en un mundo que no está hecho para nosotros, y creo que ya es hora de que todos hagamos algo al respecto. ¿Y si habláramos de la timidez en las reuniones? ¿Y si estuviéramos atentos a las señales que indican que alguien tiene problemas? ¿Y si preguntáramos si necesitan apoyo, en lugar de etiquetarlos como flojos o arrogantes? ¿Y si fomentáramos el intercambio de ideas antes de las reuniones? ¿Y si reclutáramos voces diversas? ¿Y si ofreciéramos más tutoría y apoyo? ¿Y si diseñáramos oficinas con áreas para la reflexión en silencio? ¿Y si las reuniones tuvieran un enfoque para fomentar el compartir y la colaboración? ¿Y si promoviéramos la creatividad y la experimentación? ¿Y si permitiéramos experimentar y cometer errores? ¿Y si ofreciéramos a la gente tiempo y espacio para hablar sin interrupciones? ¿Y si les diéramos a las personas la oportunidad de compartir ideas sin miedo a ser juzgadas? ¿Y si habláramos de la timidez y la tomáramos en cuenta cuando se forman equipos, se llevan a cabo reuniones, se contrata a gente, se diseñan edificios, se imparte justicia o se hace política?

Cuando las voces más silenciosas faltan en la conversación, todos salimos perdiendo, así que hagamos que las personas tímidas puedan hablar con seguridad.

---

[1] www.canberratimes.com.au/story/7010569/girl-too-shy-to-talk-about-swim-teacher/?cs=14231.

Necesitamos voces diversas

El debate actual sobre la diversidad y la inclusión se ha enfocado en la demografía, el sexo, el color de la piel, la movilidad social y la educación. Pero ¿qué ocurre con nuestra forma de pensar? ¿Y nuestras preferencias de comportamiento? ¿Y nuestra forma de presentarnos ante el mundo? La diversidad consiste, sin duda, en asegurarse de que todo el mundo esté representado, que todo el mundo sea escuchado.

Necesitamos una mezcla de personalidades, perspectivas y habilidades para funcionar. Si las personas tímidas no hablan y están infrarrepresentadas en las reuniones, hospitales, cabinas de mando, aulas, en la sociedad, las únicas voces que oímos son las fuertes.

Para resolver los problemas más complicados y generar las mejores ideas, las organizaciones y los equipos necesitan una mezcla de personalidades y preferencias. Requieren diversidad cognitiva para funcionar, tener éxito e innovar, sobre todo en tiempos difíciles.

Si se reúne a personas que piensan de forma diferente, cuyo cerebro funciona de forma distinta, es *más probable* que se piense «fuera de la caja», que se utilicen enfoques variados, que se planteen preguntas desafiantes, que se resuelvan problemas difíciles y que se propongan soluciones creativas. Es menos probable que se te escapen cosas. Tu equipo tendrá poderes grandiosos.

La empresa médica 3M intentaba averiguar cómo reducir el riesgo de que los pacientes se expusieran a una infección durante una intervención quirúrgica. Para afrontar el reto, adoptaron la diversidad cognitiva: reunieron a un equipo de expertos con distintas formaciones: un veterinario, un experto en cicatrización de heridas y, lo más asombroso, un experto en maquillaje teatral. Juntos, al estilo de un equipo de superhéroes, inventaron un producto completamente único que satisfacía sus necesidades. Es lógico que echar mano de personas con habilidades y experiencias diferentes conduzca a resultados innovadores.

La falta de *role models* tímidos y el hecho de que no hablemos de la timidez significa que no formamos parte de la conversación.

No estamos representados, lo que hace aún más difícil que hablemos, y tenemos que cambiar eso, tenemos que manifestarnos a nuestra manera. Claro que estamos rodeados de gente que grita todo el tiempo, pero eso no significa que nosotros debamos gritar también, de esa forma no somos nosotros, y eso no es lo que el mundo necesita.

Necesitamos voces tímidas para compartir ideas, resolver problemas, darse cuenta de que las cosas no funcionan, mejorar situaciones o llamar la atención sobre lo que está mal hecho. Son necesarias las voces tímidas para cambiar al mundo.

PUNTOS SOBRE LA TIMIDEZ

- El miedo, la preocupación y la incomodidad pueden ser más fuertes que nuestro deseo de hablar.
- Nos cuesta hablar frente a la autoridad en la escuela, en la sociedad y en el trabajo.
- La diversidad consiste en asegurarse de que todo el mundo esté representado, que todo el mundo sea escuchado.
- La sociedad no está diseñada para amplificar las voces más silenciosas.
- Cuando las voces más silenciosas faltan en la conversación, todos salimos perdiendo.

EL PODER DE LA TIMIDEZ

EL PODER DE LA TIMIDEZ: CÓMO CONVERTIRSE EN TÍMIDO Y PODEROSO

- Poderoso yo: acepta tu timidez, no huyas de ella.
- Poderoso y libre: cuídate, deja de juzgar.
- Poderoso y acogedor: el consuelo, la amabilidad y la seguridad nos ayudan a ser poderosos.
- Lucha poderosa: aprovecha tu fuerza interior y desarrolla una mentalidad poderosa.
- Poderes extraordinarios: no estás roto, tienes superhabilidades.
- Músculos poderosos: de invisible a invencible, un movimiento poderoso a la vez.

CAPÍTULO 11

PODEROSO YO

Acerca de ser sensible y frágil, tengo esas cualidades y no creo que haya nada de malo en ellas.

WINONA RYDER, actriz[1]

Estaba a punto de subir al escenario y enfrentarme a un numeroso público. Los nervios me atenazaban como si fueran pesadas cadenas de oro alrededor del cuello. Fue entonces cuando mi colega intervino con estas perlas de sabiduría: «No seas tan tímida. Hagas lo que hagas, no reveles lo que sientes».

El mensaje era muy claro: esconde tu timidez, sonríe y sigue adelante. Puede que hubiera tenido a alguien entre bastidores dándome un fuerte empujón para salir de mi zona de confort y subir al escenario. De hecho, estoy segura de que me había pasado exactamente eso.

¿Cómo demonios iba a ocultar lo que en realidad sentía? Mi voz, débil en el mejor de los casos, temblaba, mis mejillas estaban sonrojadas y estaba segura de que el corazón se me salía visiblemente del pecho. Sin duda alguna, la gente podría ver mi pequeño y sucio secreto.

---

[1] Heather Havrilesky, «Winona Uninterrupted», *New York Magazine*, 8 de agosto de 2016.

Podría haber intentado fingir, pero eso es agotador y no soy una actriz convincente; mi sonrisa superficial habría sido más bien una mueca. No tengo cara de póquer, tengo una cara sonrojada y crispada, una que no puede mantener el contacto visual.

Pero, sabes, hay algo en sus palabras que todavía hoy me punza. «No seas tan tímida».

Sí, soy tímida, pero tampoco me gusta que me digan lo que tengo que hacer. Tanto fingir no va bien conmigo. Quizá en el fondo soy floja, pero me parece mucho esfuerzo, y francamente, ¿por qué tendría que fingir? Cuando alguien me dice que deje de ser tan tímida, es como si me dijera que cambie lo que soy.

No es tan fácil. La idea de que alguien me diga que deje de ser tímida, de modo que solo presione el interruptor de la timidez y, tarán, me transforme de manera mágica en una persona totalmente nueva, no funciona. De hecho, en el pasado, intentar enmascarar mi timidez ha tenido consecuencias bastante embarazosas y por completo incontrolables.

Cuando era niña estaba en un evento familiar. Por alguna razón me habían pedido que pronunciara un breve discurso. Cómo y por qué alguien decidió que yo sería una buena persona para ese trabajo en específico me hace cuestionarme casi todo, pero allí estaba yo, de pie, temblando, delante de mi familia y amigos, intentando fingir que me gustaba hablar en público. Y fue entonces cuando mis intentos de disimular mi timidez fracasaron por completo.

Me entró una risa boba, no podía parar. Reí sin control, como si me hubieran poseído. Fue mortificante. Me tuvieron que sacar del escenario y no recuerdo qué pasó después. Quizá tuvieron que sedarme, quién sabe.

De todos modos, volvamos al momento en que estaba a punto de salir al escenario, ya adulta.

La rebelde tranquila y reservada que llevaba dentro se atrincheró. No iba a fingir. Tomé el micrófono y decidí que le diría a la gente que me sentía muy nerviosa y tímida. Decidí expresarlo abiertamente para poder seguir hablando sin preocuparme de que me descubrieran.

Levanté la mirada de mis zapatos y la gente no se reía de mí. Sonreían. Podía sentir su calidez, irradiando hacia mí, querían que lo hiciera bien, estaban de mi lado. Fue ahí cuando supe que podía ser poderosa, tal como soy.

Dado que alrededor de la mitad de los seres humanos son tímidos, como sabemos, y casi todo el mundo, aparte de algunos psicópatas (es broma, bueno, más o menos), ha experimentado la timidez en algún momento de su vida, eso significa que la gente lo entiende, han pasado por ello y saben lo que se siente.

Hay fuerza en nuestra timidez

> *Cuando iba a la escuela, cada año recibíamos un informe con las notas de cada asignatura y los comentarios de cada profesor. Nuestro maestro añadía algunas observaciones breves al final. A todos nos hacía gracia que intentara resumirnos en dos o tres palabras. Su comentario para mí fue «poder silencioso». Siempre lo he tenido presente.*
>
> Mi padre, STEVE

Mi padre es la personificación del poder tímido: no grita, no intimida a la gente ni habla por encima de ellos, no descarta sus ideas, se siente tranquilo bajo presión, respeta a las personas y las escucha. Además, cree en lo que hace y trabaja duro para alcanzar sus objetivos, lidera con el ejemplo y motiva e inspira a los demás para que den lo mejor de sí mismos de forma silenciosa. Es tímido y es poderoso.

Cuando somos dueños de nuestra timidez y nos atrevemos a hablar, la sacamos a la luz y la gente comprende que no son los únicos que se sienten así.

He pasado muchos años de mi vida escondiéndome por mi vocecita, sintiéndome cohibida y avergonzada por cómo sonaba, pero me he dado cuenta de que hay fuerza en mi timidez, hay poder en mi vocecita. Cuando hablo la gente se inclina y escucha. Cuando hablo dejan de hacer lo que están haciendo y prestan atención. Mi voz se reconoce al instante, es una sensación agradable.

Me siento rara al escribir sobre eso, es curioso que algo de lo que me avergonzaba tanto se haya convertido en una especie de superpoder.

Está bien abrirse y ser vulnerable

Ser vulnerable, abierto y honesto es un signo de valentía, no de debilidad. No estoy defendiendo la falsa vulnerabilidad que los famosos sacan a relucir a su antojo; eso es falso y asqueroso. Pero, si te sientes tímido, no pasa nada por hablar de ello y compartirlo a los demás, sin vergüenza ni miedo a ser juzgado.

> *La vulnerabilidad no es ganar o perder, es tener el valor de mostrarse y ser visto cuando no tenemos control sobre el resultado. La vulnerabilidad no es debilidad, es nuestra mayor medida de valentía.*
>
> BRENÉ BROWN, *Rising Strong*

Creo que hablar de la timidez es una hermosa verdad. El simple hecho de animarse a hablar de ella implica superarla. ¡Pum! La timidez tiene su lado fuerte. Es una reacción humana normal que la mayoría de la gente, si es sincera, comprende.

A lo largo de los años me he sentido atraída por la música del cantautor Nick Drake. Desde el sur de Francia hasta la rotonda de Five Ways, en Birmingham, mi vida se ha cruzado muchas veces con la tenue sombra de su camino. Su voz era inestable, vulnerable y cruda, con tanta riqueza que podía derretir hasta el más helado de los corazones. Nick Drake era increíblemente tímido y, durante su corta vida, se resistió a actuar en vivo o a ser entrevistado. Por ello, a pesar de firmar con Island Records, no fue en particular famoso ni tuvo éxito en vida, se lamentaba de que su arte no fuera apreciado y predijo que solo cuando se hubiera ido la gente vería realmente su genialidad.

> La fama no es más que un árbol frutal muy poco sólido. Nunca puede florecer, hasta que su raíz está en el suelo. Los hombres de fama nunca pueden encontrar su camino hasta que el tiempo haya volado, lejos de su día de muerte.[2]

Pero su legado perdura. ¿Por qué? Porque su música resuena y nos conmueve. Hay mucha emoción en su suave voz y una autenticidad desgarradora en las historias que cuenta.

La fama está bien, pero revelar tu verdadera voz y tener el valor de abrirte y hablar a la gente de las cosas que en realidad te importan, eso sí que es sobresaliente. Y si por casualidad dices tu verdad de una forma suave y hermosa, que provoque un estremecimiento en la gente, aún mejor.

Lo suave es fuerte

Nick Drake es la prueba de que hablar en voz baja es poderoso. Si tienes una voz más baja, puede que la gente hable por encima de ti, que tengas que repetir lo que dices una y otra vez o que sea necesario gritar al oído para que te escuchen. Eso puede hacerte vacilar y cuestionarte si el esfuerzo de que te pongan atención merece la pena. Y sí, cuanto menos hablas, más te cuesta hacerlo, como si tu voz pensara que son las seis de la mañana y acabaras de despertarte. Y también, cuando sientes que todo el mundo te está mirando, se te estrecha la garganta y parece que las palabras no quieren salir.

---

[2] Nick Drake, «Fruit Tree», producido por Joe Boyd y Robert Kirby, 3 de julio de 1969.

He aprendido a amar mi vocecita. Después de haber pasado la mayor parte de mi vida huyendo de mi tono de voz, hoy en día soy fan de las voces bajas. Hablar o cantar en voz baja es reconfortante y tranquilizador, al fin y al cabo los padres hablan en voz baja a sus hijos por una razón. No es probable que provoquemos dolores de cabeza ni que pongamos nerviosa a la gente. Y, de hecho, las voces bajas pueden ser muy sexys.

La timidez como etiqueta

> *No me propuse estar en la cima de las empresas tecnológicas. Simplemente soy* geek *y tímida y me gusta programar.*
>
> Marissa Mayer, empresaria e inversionista[3]

Hay quien cree que admitir ser tímido es escribírtelo con marcador permanente en la frente. Les preocupa que llamarse tímido signifique que uno acabará viviendo la historia que se cuenta a sí mismo. Creen que etiquetarnos como tímidos nos lleva a comportarnos de forma más tímida.

Etiquetarnos como cualquier cosa puede ser problemático. Tener una etiqueta puede limitarnos, como si nos hubiéramos metido en una caja y hubiéramos cerrado la tapa. Esto es especialmente cierto si esa etiqueta lleva asociados niveles tóxicos de vergüenza y estigma.

No queremos darnos una excusa para escondernos o evitar hablar, ni dar a otros un motivo para hablar en nuestro nombre. No queremos quedarnos atrapados en una profecía autocumplida, pero ignorar nuestra timidez, disimularla o escondernos de ella tampoco es muy saludable.

---

[3] https://matterapp.com/blog/introvert-leaders-can-remain-introverts-and-still-crush-it-2/.

¿Qué tal si en lugar de etiquetarnos como tímidos y hacernos sentir aún más marginados reconocemos nuestras emociones y nos hacemos amigos de nuestra timidez? Porque, en última instancia, aprender a amar lo que somos y todas las cosas que sentimos es bueno.

Los seres humanos tenemos toda una gama de emociones y sentimientos, cambiamos y nos desarrollamos a lo largo de nuestra vida. Al igual que un río o tu amor por el punk rock, tu timidez puede entrar y salir de tu vida, no estamos atrapados en un lodazal, arraigados a un lugar.

Cuando nos apropiamos de nuestra timidez y la entendemos mejor, podemos descubrir cómo trabajar con ella y hacer que funcione para nosotros. Reconocer nuestra timidez no significa que estemos estancados, sino que es el primer paso para llegar a la acción y avanzar, salir de las sombras y vivir una vida mejor.

La timidez es un espejo

El contacto visual me resulta en extremo difícil. Durante unas prácticas, mi jefe me llamó a su despacho y me dijo que me iba a ayudar a practicar el contacto visual. Me puso una estampa entre los ojos y me dijo que tenía que mantener el contacto visual durante cinco minutos. Fue absolutamente horrible, sentía que, si no lo hacía, me despediría. Me sentía mal. No podía hacerlo y me negué. Salí de la habitación y lloré.

SUNITA

¿Por qué a la gente le altera tanto la timidez? ¿Por qué la timidez parece alterar a la gente? Puede que hoy me haya levantado con el pie izquierdo, pero cada vez me irrita más la percepción que se tiene de la timidez. Estoy harta de que la gente mandona me diga que me calme, me grite que tenga más confianza en mí misma o que deje de ser tan tímida.

Tal vez, como no encajamos en el molde, la gente quiere transformarnos en algo más apetecible, fácil de manejar y de entender, pero me pregunto si es porque nuestra timidez es un espejo de su propia naturaleza. Tal vez, bajo la máscara de convicción que llevan pegada a la cara, ellos también sean tímidos.

En cualquier otra situación, *NO* sería aceptable intimidar a alguien para que cambie. Y sin embargo, con la timidez parece ser un juego limpio. No está bien.

Ocultar nuestro verdadero yo

> *El hedonismo era como un disfraz. Yo era una chica tímida y tuve que alterar mi personalidad. Al principio, es liberador; pero, luego, se convierte en una prisión de su propia creación.*
>
> FLORENCE WELCH, música[4]

A las personas tímidas no nos gusta que nos miren porque nos hacen sentir cohibidas, avergonzadas e incómodas. Muchos enmascaramos nuestra timidez para poder seguir con nuestra vida. Nos cubrimos y tendemos a ser algo que no somos, y nadie tendrá ni idea de lo que realmente sentimos.

Dado que hemos vivido la pandemia de COVID-19, todos hemos experimentado el uso de una máscara. Sabemos lo que es tener una barrera física entre las personas; conocemos la sensación de ocultar nuestros rostros y sentirnos anónimos; sabemos que las máscaras o cubrebocas dificultan la comunicación, apagan nuestras voces ya de por sí silenciosas, limitan nuestra visión y nos provocan un acné feroz.

---

[4] www.femalefirst.co.uk/music/musicnews/florence-welch-hedonism-disguise-shyness-1062669.html.

Cuando ocultamos quiénes somos realmente y nos ponemos una imagen de plástico, presentamos al mundo una versión de nosotros mismos que creemos que la gente preferirá. No soy la única. En Instagram no hace falta escarbar mucho para ver las cuentas que revelan los trucos y técnicas que la gente utiliza en su fotografía. Me he vuelto adicta a esas publicaciones, me encanta ver cómo en el mismo día alguien puede parecer embarazada de seis meses o tener abdomen de lavadero, ¡solo ajustando un poco sus shorts! Esconderse detrás del filtro nos protege de los juicios, es otro tipo de máscara que elimina nuestra singularidad y nos transforma en una versión homogénea del ser humano.

Una talla no sirve para todos

> *No soy la chica en la mesa del club. Voy a ser la del rincón, callada, para no llamar la atención… Yo era la chica que faltaba a clase para ir al parque, y los otros chicos fumaban y bebían mientras yo leía a Shakespeare.*
>
> JESSICA CHASTAIN, actriz[5]

No puedo correr, lo odio, es aburrido y doloroso y no quiero hacerlo. Sin embargo, donde yo vivo, todo el mundo lo hace. Durante años me sentí fracasada, como si hubiera algo malo en mí, pero entonces recordé que nunca he sido una corredora de fondo, soy velocista. No hay nada mejor que la euforia de correr a toda potencia. En el pasado fui buena, y en mi cabeza todavía lo soy. Aunque imagino que me parezco más a Phoebe, de *Friends*, que a Usain Bolt.

Resulta que aquí hay algo de ciencia. Estamos genéticamente predispuestos a tener diferentes tipos de músculos: de contracción

---

[5] https://highlysensitive.org/602/jessica-chastain-and-high-sensitivity/?fbclid=IwAR0_a7PVXLKEt38uXtuOIAVcT5pzVr6tH2OpD_-wn_GZWnMXzCfx71E8Ejs.

lenta y de contracción rápida. Los atletas de resistencia tienen más músculos de contracción lenta y los velocistas más de contracción rápida. Eso explica por qué mi amiga Claire puede correr y correr y correr sin entrenar; puede empezar a correr y seguir corriendo al estilo Forrest Gump, para siempre. Yo, en cambio, no puedo, tengo músculos de contracción rápida que se disponen para ráfagas de energía. Potencia explosiva, que es, creo, por lo que puedo correr rápido y golpear tan fuerte como un hombre enorme.

Puedes entrenar para mejorar tus músculos, pero no puedes cambiar tus músculos de lentos a rápidos, o viceversa. Y lo mismo ocurre con nuestras personalidades y preferencias de comportamiento: podemos mejorar nuestras habilidades, pero no podemos cambiar de manera radical lo que somos, ni deberíamos hacerlo. No todos podemos ser iguales, no hay una única versión de un ser humano, no somos clones ni robots.

Hay belleza, honestidad y brillo en nuestra timidez. ¿Por qué querríamos ocultarlo? Cuando aceptamos lo que somos y nos apoyamos en ello en todo su sudoroso esplendor, es entonces cuando podemos liberarnos realmente de los grilletes de la timidez.

La «comparitis» mata la confianza

Sarah era todo lo que yo no era. Sabía cantar y bailar y le encantaba ser el centro de atención. Los chicos la adoraban. Durante los años escolares me irritaba muchísimo; observarla era como mirarse en un espejo de feria distorsionado, verla hacer todas las cosas que me costaban trabajo me hacía notar mis defectos, y al pasar demasiado tiempo mirándola, me atormentaba constantemente por ser una inútil. Verla brillar me hacía pensar que yo no brillaba en absoluto.

Es propio de la naturaleza humana compararnos con los demás, nos gusta ver cómo se desenvuelven, comprobar que encajamos bien y asegurarnos de que no estamos cometiendo un gran error o una metedura de pata social. Pensándolo bien, por eso existe la moda, seguimos las tendencias para integrarnos y conformarnos, aunque la silueta de la temporada nos haga ver ridículos. Pero a veces la comparación se nos va de las manos y, en lugar de sentirnos tranquilos y reconfortados, sentimos que no somos lo bastante buenos.

Al escribir esto me doy cuenta de que solo me comparo con la gente ruidosa, extrovertida, muy segura de sí misma y con mucho éxito. Las abejas reinas, la *crème* de la *crème*. Me fijo en sus perfiles de Instagram, sus magníficos maquillajes y sus elegantes trajes, sus departamentos de lujo, la forma en que pueden hacer ejercicio sin sudar a chorros ni acabar con cara de haber sido arrastradas por un arbusto. Me comparo con presentadores de programas de entrevistas, campeones de boxeo, autores de *bestsellers* internacionales, supermodelos. Elijo a los mejores, me comparo con ellos, y cuando no soy lo bastante buena, me siento abatida y desanimada, como si fuera una completa perdedora.

No voy a una fiesta y busco a otras personas calladas y pienso: «Oh, mira, ese es mi tipo de persona, quizá deberíamos estar cerca el uno del otro y asentir en silencio y apoyarnos en la barra en solidaridad». En lugar de eso, miro a las personas más extrovertidas y exuberantes que se lanzan a la pista de baile, agitando las cosas que les regalaron sus mamás, y pienso: «Dios mío, yo no puedo hacer eso, soy ridícula, terrible e inútil».

Compararnos con gente parlanchina y extrovertida es atractivo. Traen la diversión, y nosotros la queremos, son deseados y apreciados y están rodeados de admiradores, reflejan todo lo que no somos, sentimos que no somos lo bastante buenos y que para ser apreciados y amados tenemos que cambiar de forma radical, pero pasarnos la vida deseando ser diferentes es desperdiciarla.

Replantear la puerta

Hay una cita brillante del autor y gurú Joseph Campbell: «La cueva en la que temes entrar esconde el tesoro que buscas». Nuestra timidez es como una puerta oculta a la grandeza, solo tenemos que encontrar el valor para traspasar el umbral de la cueva y abrir la puerta secreta, y una vez que lo hagamos —una vez que hayamos atravesado el pasadizo—, como Alicia en el País de las Maravillas, podremos acceder a la magia.

Somos afortunados porque no todo el mundo tiene esa puerta secreta, pero nosotros sí. Tenemos todo tipo de talentos y dones ocultos tras ella, y eso tiene algo de mágico, ¿no crees? Detrás de la puerta se esconden la libertad de expresión, la honestidad, la vulnerabilidad, el verdadero nexo y cantidades desmesuradas de potencial. Al cruzar la puerta está nuestro verdadero poder.

En lugar de ver nuestra timidez como un bloqueo, una barrera o una prisión, ¿qué pasaría si la viéramos como una puerta mágica?

No somos solo una cosa

Como un delicioso pastel de chocolate, somos una hermosa mezcla de capas. Somos desordenados y talentosos; somos buenos en algunas cosas y ridículamente malos en otras; somos fuertes y amables, apasionados y decididos, tontos y serios.

Nuestra timidez no es todo lo que somos, es solo una parte de nosotros. Yo soy tímida, soy valiente, soy boxeadora, soy escritora. Aunque esa persona que envidias sea increíble bailando y parezca llevar una existencia mágica, tiene sus problemas y dificultades. Nadie es perfecto ni feliz todo el tiempo.

Podemos sentir que no somos lo bastante buenos; que nos tiemblan demasiado los muslos; que nuestras voces son demasiado bajas; que tenemos la cara demasiado arrugada o manchada; que nuestro pelo es un desastre; que nuestra piel es del tono equivocado; que somos demasiado callados o tímidos. Demasiado. No lo suficiente.

A veces soy tímida y a veces soy ruidosa. Mi timidez es solo parte de mí.

Eres tímido y poderoso.

MISIÓN PODEROSA

¡Prueba esto para volverte de forma instantánea más poderoso!

Sé dueño de tu timidez.

- Dale voz a tu timidez: introdúcela en la conversación, escribe, dibuja o canta sobre ella, como tú quieras expresarla. Se acabó lo de mantener tu timidez en secreto y disimularla.
- Sintoniza con tu incomodidad. Tómate un momento y respira, date cuenta de lo que te pasa en el cuerpo y en la mente.
- Ser sincero con la gente es algo estupendo, hay algo maravilloso en tener el valor de decir cómo te sientes realmente, en lugar de fingir y pasar por la vida como si todo estuviera bien.

CAPÍTULO 12

PODEROSO Y LIBRE

Desde que era joven tenía mucho miedo a las críticas. Cada vez que recibía una crítica o una reprimenda, me lo tomaba como algo personal.

JESSICA ALBA, actriz[1]

Mi primer recuerdo es una historia familiar. Cuando solo teníamos 18 meses, mi hermano gemelo Ben y yo nos juntamos y tramamos un plan ingenioso. Decidimos ver qué pasaba si jalábamos de la esquina del flamante papel tapiz de animales recién pegado en nuestras paredes. Nos pusimos uno al lado del otro sobre nuestra cuna, compañeros de crimen, para arrancar pedazos de papel de la pared. Fue increíble.

Más o menos a esta edad es cuando los humanos empezamos a desarrollar un sentido del yo y a reconocer que somos independientes de nuestros papás. Fue entonces cuando me revelé por primera vez como alguien muy tranquila, pero también como una amenaza.

Cuando mis papás descubrieron los estragos que habíamos ocasionado, dejaron claro que destrozar la casa era un comportamiento

[1] https://popcrush.com/shy-celebrity-loners-introverts-gallery/.

inaceptable, así que, junto con mi sentido del yo, también había desarrollado una comprensión del impacto de mis acciones.

No me juzgues

Cuando salimos a pasear y está a punto de salir corriendo a explorar, el perro Bobby siempre mira por encima del hombro, duda un segundo y luego, al darle las palabras de ánimo adecuadas, se aleja. Es adorable.

Los seres humanos también buscamos seguridad fuera de nosotros mismos. Basamos nuestras decisiones y sentimientos en las reacciones de los demás y aprendemos a comprobarlo.

De niños nos fijamos en nuestros padres. Pronto nos damos cuenta de que si cumplimos sus expectativas, decimos las cosas correctas, nos comportamos y vestimos como es debido, recibimos elogios e, incluso, algo de dinero. Y también con nuestros amigos, para encajar. Nos hacemos atractivos, pero no demasiado. Nos hacemos *cool*, pero no demasiado. Intentamos tener éxito, pero no demasiado. Lo suficiente, pero no demasiado.

En la escuela hacemos un dibujo, escribimos un texto, elaboramos un informe o creamos algo realmente espléndido y, una vez hecho, nos tomamos un momento para disfrutar de nuestra gloria: contemplamos los frutos de nuestra labor y nos deleitamos con la satisfacción y el orgullo del trabajo bien hecho. ¡Qué sensación!

Y luego se lo mostramos a otra persona. Exponemos nuestro trabajo para que nos juzguen. ¿Les gustará a los profesores? ¿Será lo que esperaban? ¿Será lo bastante bueno? (Pero ¿no demasiado bueno, para que los otros niños me odien?)

Como adultos, exponemos nuestro trabajo al mundo para que nos juzguen y nos hacemos las mismas preguntas.

Levantarse, hablar y destacar da mucho miedo cuando eres tímido. No queremos llamar la atención, pero ansiamos los elogios y el reconocimiento. Sentimos la presión de mostrarnos y dar la cara, pero las preocupaciones y ansiedades que llenan nuestro cerebro tímido son difíciles de manejar. Nos dejamos llevar por las preocupaciones y al mismo tiempo nos preocupamos mucho por lo que piensen los demás. Los juicios se apoderan de nosotros. Es paralizante.

> *Siete años después todavía me estremezco y me siento mal. Era la fiesta de cumpleaños de mi amiga mayor, quien cumplía 50. Ella es fotógrafa y tiene muchos amigos actores y comediantes. A mitad de la reunión su pareja detuvo la celebración y anunció que yo diría unas palabras por ser una vieja amiga, así, sin previo aviso. Todo empezó a moverse muy, muy despacio. Aquella sala llena de gente muy confiada estaba en silencio y mirándome. Quiero a mi compañera y hemos vivido un montón de aventuras divertidas, pero no se me ocurría nada que decir, me quedé completamente paralizada. Oí a una mujer (otra maldita comediante) que dijo: «¿Quién es? Debería haberlo hecho yo». Levanté la copa, apenas recordé el nombre de mi amiga y me escabullí hacia el baño. Una pesadilla. Seguimos siendo buenas amigas y ahora nos reímos de ello, ¡pero yo casi me muero!*
>
> BEA

Tratar de complacer a nuestros padres, hermanos, familia, jefes, parejas, amigos… Es demasiado. Cuando el peso de estos juicios asimilados es tan grande que nos inmoviliza, entonces hay un problema. Estamos permitiendo que pensamientos que no podemos controlar, que no se basan en la verdad, controlen nuestra vida y nos hagan perder oportunidades, felicidad, éxito y alegría.

> *Me enamoré de una música. Ella era la elegida, pero mi familia y mis amigos no la aprobaban. No podía soportar la idea de que me estaban juzgando, y no podía escapar del hecho de que nuestra relación estaba*

condenada por eso. Era muy difícil para mí, así que terminamos. Nunca me he perdonado haber sido tan débil y no haberme defendido.

CAL

Ponemos nuestras necesidades en último lugar, perdiéndonos a nosotros mismos

No tengas miedo de perder a la gente. Ten miedo de perderte a ti mismo intentando complacer a todos los que te rodean.

Anónimo

Ser una persona considerada que se preocupa por los demás es algo bueno. Las dificultades surgen cuando las cosas se desestabilizan y nos preocupamos demasiado por los demás y no lo suficiente por nosotros mismos. Podemos acabar viviendo nuestra vida desde la perspectiva de los otros, completamente preocupados por sus opiniones y sentimientos hacia nosotros.

Quiero hacer feliz a la gente con lo que hago, sobre todo en el trabajo. No puedo creer lo mucho que he aguantado solo para que mis jefes estuvieran contentos conmigo.

LULA

Y cuando ponemos las necesidades de los demás muy por encima de las nuestras, al preocuparnos tanto que no nos queda nada para nosotros mismos, acabamos agotados y pálidos, tirados en el suelo. Nuestros límites se vuelven tan flexibles y están tan llenos de agujeros, que se colapsan. Y nosotros también.

Con frecuencia me cuesta combinar las necesidades de los demás con las propias, pero como estoy programada para hacer lo que creo que quiere la otra persona, mis propias necesidades básicas pueden quedar marginadas o suprimidas. Esto es un verdadero problema cuando tengo que atender demasiadas prioridades que compiten entre sí. Si no he establecido límites claros, me siento abrumada y mi salud mental se resiente.

MAE

Una vez que empezamos por este camino, permitiendo que las necesidades de los demás se antepongan a las nuestras, preocupándonos constantemente por lo que piensen de nosotros, nuestro sentido del yo se erosiona. Nos sentimos atrapados por el miedo a la desaprobación, la negatividad, la vergüenza y el conflicto. Nos retiramos y nos escondemos, esquivando las situaciones difíciles y las confrontaciones. Evitamos expresar nuestras necesidades y hablar, no queremos agitar las aguas.

Un conflicto me obligaría a hablar, y eso es lo que más temo, así que intento evitarlo por todos los medios, aunque sea a costa de mi felicidad y mis deseos.

STUART

En lugar de mirar hacia el interior para ver si lo que hacemos nos hace felices, miramos todo el tiempo al exterior para comprobar lo que los demás piensan sobre nosotros. Comprobamos si nuestro aspecto y nuestra voz son aceptables. ¿Pasaremos la prueba?

Es como estar toda la vida en un grupito de la escuela. ¿Llevas los zapatos adecuados? ¿Tienes los calcetines bien puestos? ¿Tu cabello es aceptable? ¿Hablas de la manera correcta, con las palabras y las inflexiones convenientes? ¿Tienes las estampas adecuadas en tus libros? ¿El estuche idóneo? ¿Hablas con las personas pertinentes en el momento apropiado? Al fin y al cabo quieres encajar.

La más mínima cosa que me hace la gente hiere mis sentimientos y no puedo expresarlo ni defenderme debido a mi timidez. Creo que cuando soy yo misma no le gusto a la gente, les gusta la versión tranquila y agradable de mí, así que eso es lo que soy con los demás.

DORA

Nuestro propio acosador interno

Cuanto más miramos fuera de nosotros mismos, más perdemos el sentido de quiénes somos en realidad. Cuanto más dejamos que las percepciones y los juicios de los demás nos controlen, más atrapados estamos por nuestra timidez. Es entonces cuando empezamos a decir que sí a cosas que no queremos hacer, o que no a las que sí queremos.

Cuando tengo un ataque de timidez, siento verdaderamente que soy estúpida, que no merezco que me escuchen y quiero que me trague la tierra.

Los tímidos no nos conformamos con estar pendientes de la gente que nos rodea y asegurarnos de que están contentos, ¡sino que hemos pasado al siguiente nivel! Hemos creado nuestro propio acosador interior.

Tenemos una voz en la cabeza que nos dice que no somos buenos, que nos juzga, que examina cada uno de nuestros movimientos. «Lo arruinaste la última vez, nunca serás capaz de hacerlo, eres un desastre. A nadie le importa una mierda lo que tengas que decir porque creen que eres un inútil y se ríen de ti. Eres un perdedor».

Creo que la gente me mira, me siento patético. La gente me juzga. Supongo que los amables sienten lástima por mí y los malos se ríen de mí por dentro.

ARIA

La timidez nos dice que nuestras opiniones no importan, que no somos buenos, nos aplasta y nos controla, y es constante e insoportable.

> *Miedo, vergüenza, pena, incomodidad. Me hace sentir que no soy un adulto como es debido, que tengo cualidades infantiles que «debería» haber dejado atrás. Me hace sentir que soy una basura, que soy falsa y un fraude, que no quiero que mi vida sea así.*
>
> ANA

Dada la oportunidad, la timidez nos domina y nos controla; nos silencia, nos impide ver a nuestros amigos, llamar por teléfono y relacionarnos con la gente; nos imposibilita defendernos, hablar y probar cosas nuevas.

Y esto es lo que ocurre con los acosadores: con el tiempo, van minando tu autoestima, te machacan y, poco a poco, empiezas a creer sus falsas acusaciones. No tienes energía para levantarte y defenderte, así que al final te rindes y dejas de intentarlo.

Sentirse juzgado y criticado constantemente nos sume en un estado de ansiedad. Con la amenaza del juicio cerniéndose sobre nosotros, nos preocupamos tanto por meter la pata, que empezamos a hacerlo sin darnos cuenta. Nos preocupa decir algo equivocado, así que se nos traba la lengua, tropezamos con nuestras palabras, y acabamos sintiéndonos incómodos y avergonzados. Al final, es más fácil evitar la situación en primer lugar y sortear cualquier valoración negativa que la acompañe, así que nos quedamos callados y pasamos desapercibidos.

Entonces, cuando no hablamos, tenemos la prueba perfecta de que somos, de hecho, un gran fracaso. Es un círculo vicioso. Cuantas menos acciones emprendemos, más nos retiramos a un mundo lleno de miedo, ansiedad y evasión, bajo el control de nuestro acosador interior.

> *Siento que me encojo, en tamaño, en confianza y en ambición.*
>
> EVELYN

La timidez nos impide ser nosotros mismos, crecer y brillar.

Tan cohibido

Soy tan tímida que me da vergüenza. *«Baila como si nadie te viera»*. Sí, cómo no. ¿Cómo podría bailar como si nadie estuviera mirando? Aunque me encerraran en un sótano con tres puertas de seguridad bloqueando la entrada, creo que tendría que estar completamente borracha para poder bailar sin preocupaciones.

No me gusta ser el centro de atención, me resulta muy incómodo. Lo bueno es que, como gemela (y ahora como madre), rara vez soy el centro de atención, lo cual me sienta muy bien. De niña, ni siquiera tenía que organizar yo sola las fiestas de cumpleaños, y eso me hacía la vida más fácil. Me gustaba poder esconderme detrás de alguien si hacía falta, y cuando mi hijo era pequeño, en las numerosas reuniones familiares podía desviar toda la atención hacia él. «Mira al bebé, ¡qué tierno!». Astuto, ¿no?

Si estoy en el gimnasio aprendiendo una nueva técnica boxística y el instructor me dice que es un poco como bailar y que tengo que ser ligera de pies, lo primero que pienso es: «Oh, Dios, seguro me va a salir fatal. No quiero intentarlo porque me preocupa quedar como una idiota». Me dan ganas de salir corriendo o de esconderme en el baño porque me da mucha vergüenza, de antemano, la posibilidad de parecer tonta.

A nivel racional puedo ver que esto es más que ridículo. En primer lugar, no soy tan mala y nadie hace las cosas bien a la primera. Los demás también están aprendiendo y nadie me está viendo en realidad; todos están metidos en sus asuntos intentando no tropezar con sus propios pies.

Cuando estamos con gente que conocemos y en la que confiamos, podemos relajarnos, pero con gente nueva o a la que admiramos a menudo nos sentimos incómodos y cohibidos, pues nos preocupa que nos juzguen. Tenemos la sensación de que nos observan todo el tiempo. Esto es muy raro, tomando en cuenta que odiamos que nos miren y que odiamos ser el centro de atención. Sin embargo, hemos elegido tener un reflector en la cara todo el tiempo. Odiamos

actuar, pero hemos convertido nuestra vida en una representación, y el hecho de que nadie nos mire realmente, porque están ocupados viviendo su propia vida, no importa, porque hemos creado nuestro propio juez severo en nuestra cabeza.

No le hablaríamos así a alguien, de modo que ¿por qué nos hablamos así a nosotros mismos?

Somos personas sensibles que pasamos mucho tiempo observando, escuchando y siendo empáticas. Y esas son grandes habilidades, pero no las estamos aprovechando al máximo porque hemos permitido que nos domine nuestra obsesión por lo que pasa en nuestra propia mente. Estamos atrapados en nuestra propia cabeza, enfocándonos en nuestros sentimientos y mirándonos a nosotros mismos.

Fuera de juego

Noticia de última hora: no somos seres supremos con poderes divinos; no somos responsables de nadie más que de nosotros mismos; no podemos controlar a los demás; no podemos *hacer* feliz a nadie más que a nosotros mismos; no podemos controlar cómo actúan los demás, ni lo que dicen, ni cómo se sienten, ni lo que piensan y creen. Tampoco podemos condicionar cómo nos tratan ni si les caemos bien; no podemos elegir ni controlar a nuestra familia ni con quién nos relacionamos, aunque a veces ¡seguro que nos gustaría!

No hacemos las leyes, normas y estructuras de la sociedad en la que vivimos; no podemos influir en el clima; no podemos evitar las catástrofes naturales, ni las enfermedades; no podemos controlar el tiempo, ni lo rápido que parece pasar; no podemos dominar el hecho de que la vida es desordenada y que a veces las cosas parecen ir bien y a veces no.

Cargamos con demasiada responsabilidad por circunstancias que están más allá de nosotros y nos culpamos cuando las cosas van mal o cuando no salen a la perfección.

Digamos que te invitan a una cena con tus amigos, pero las cosas no salen como las tenías planeadas: el taxi no aparece, el servicio del restaurante es lento, la orden de alguien está mal, a otro le duele la cabeza y está de mal humor, una amiga está preocupada por su hijo y tiene que irse antes de tiempo, llueve y todo el mundo se empapa camino a casa.

Te pasas la noche sentado sintiéndote incómodo y responsable. Quieres que todo el mundo se la pase bien y te preocupa que no lo hayan hecho, lo que te hace sentir tenso y estresado. Intentas ver el lado positivo: hace siglos que no están todos juntos, pero sientes que te pones en modo «manos de jazz», intentando levantar el ánimo de todos los que te rodean, como si fueras el jefe de sus cerebros.

No es tu responsabilidad hacer que todo sea increíble. A veces es solo una fiesta de mierda.

Si lo piensas, es un poco pretencioso. ¿Por qué asumimos que somos los que controlamos todo? ¿Por qué nos consideramos los amos del universo? No es nuestro trabajo estar al pendiente de todo, desde los procesos y el control de calidad del restaurante hasta el clima. Garantizar que todo el mundo se la pase bien no depende de ti, no puedes hacer felices a los demás.

Estamos tan dispuestos a culparnos por las cosas malas que ocurren que asumimos la responsabilidad de situaciones que no pueden ser culpa nuestra. No es de extrañar que nos sintamos impotentes y abrumados, pero ¿qué pasa con las cosas buenas? Nunca nos atribuimos el mérito, ¿cierto? No, claro que no. Cuando alguien nos elogia, nos felicita o nos hace un cumplido, nos encogemos de hombros. Pero no podemos tener ambos aspectos, no podemos vivir responsabilizándonos de todo lo malo y de nada de lo bueno.

Empecemos soltando algo de ese peso. Dejémoslo. Salgamos de ahí. Las únicas reacciones que podemos controlar son las nuestras.

Imagina que te encuentras por la calle a algún conocido de la escuela. Haces un esfuerzo por mirarlo a los ojos y sonreírle, pero te ignora por completo. ¡Qué grosero! El hecho de que te ignoren pro-

voca una reacción en tu cuerpo: te ruborizas, te encoges, encorvas los hombros, sientes vergüenza, pena. Empiezas a pensar… y aquí es donde tu cerebro empieza a tirarse pedos a lo grande. Imaginas que esa persona de la escuela te odia. No te saludó de forma deliberada porque no eres *cool* y no quiere ser visto contigo. Te ves tan viejo y arrugado que no te reconoció y llevas unos zapatos horribles. Todos esos espantosos pensamientos negativos están en tu cabeza.

En lugar de preocuparte por lo que piensa la gente, concéntrate en lo que ha ocurrido.

La realidad es que ese compañero de la escuela estaba teniendo un pésimo día: se le murió su hámster, su hijo está muy afectado y discutió con su pareja. Además, va tarde porque su coche no arrancaba, así que tuvo que correr al trabajo y no llevaba la ropa adecuada para laborar. Estaba tan metido en su propio mundo que todo era borroso a su alrededor: gente, tiendas, adoquines. Iba tan ensimismado que unos instantes después de que lo viera, se salvó por un pelo de ser aplastado por un camión.

Puedes elegir ver el mal y la negatividad en todas partes, o puedes decidir que la gente es bastante simple y que la mayoría de las veces las cosas que hacen y las palabras que dicen son sinceras.

¡No puedes controlar a los demás!

Si eliges no buscar explicaciones externas y te enfocas en los posibles resultados basándote en exclusiva en tu propio sentido de ti mismo, te ciegas a la verdad, como esta persona que no vio el camión.

Entonces, ¿qué es lo siguiente para ti? ¿Vas a andar por ahí como un zombi, con cara de desdichado sin volver a sonreír a nadie, por si te vuelven a ignorar?

Si eliges este camino, te lo perderás, y todo porque imaginaste que alguien decidió ignorarte. Puedes elegir cómo *tú* reaccionas, pero no puedes controlar cómo reacciona otra persona.

Su felicidad no es mi problema

No puedes tener miedo de lo que vaya a decir la gente, porque nunca vas a hacer feliz a todo el mundo.

SELENA GOMEZ, cantante[2]

Nos preocupa tanto meter la pata, hacer enojar a la gente o que nos juzguen de forma negativa que vivimos como si tuviéramos en nuestras manos la felicidad de todos los que nos rodean. Y créeme, cuando vives tu vida así, las cosas pueden ponerse muy tensas.

No puedes *hacer* felices a los demás, solo puedes hacerte feliz a ti mismo.

Tengo que decirte que me llevó mucho tiempo aceptar esta idea. Pensaba: «¡Claro que puedo hacer felices a los demás! Puedo correr detrás de ellos, hacer muchas cosas por ellos, no decirles cuando estoy disgustada o triste, o molesta o irritada».

Solo somos responsables de cómo *nos* sentimos. Somos responsables de nuestra propia felicidad. No puedes preocuparte intentando animar a la gente todo el tiempo como una especie de payaso trastornado.

Por supuesto, puedes ser una persona decente y hacer todo lo posible por ser amable con los demás. Puedes hacer cosas agradables y estar lleno de alegría, pero no es posible obligar a nadie a sentirse de una determinada manera.

Puedes prepararle a alguien una pizza —incluso una pizza muy buena—, pero no puedes hacer que le guste. Puedes bailar con un atuendo sexy, pero no puedes hacer que alguien sienta cosas que no desea. Puedes decirle a alguien que sonría, pero no necesariamente se sentirá feliz.

Por el contrario, no podemos esperar que los demás nos hagan felices. Somos los encargados de nuestras emociones, somos respon-

---

2 www.cosmopolitan.com/entertainment/celebs/news/a41462/inspirational-selena-gomez-quotes/.

sables de nuestra propia felicidad. Depende de nosotros tomar decisiones y asumir el control de las circunstancias. No podemos esperar que otras personas satisfagan nuestras necesidades; no podemos esperar que nos hagan felices, solo nosotros podemos hacernos felices.

Preocuparse demasiado

Creo que nos preocupamos demasiado, por múltiples cosas, y nos preocupamos demasiado por las cosas equivocadas. Es como si nuestra capacidad de preocuparnos se hubiera vuelto loca.

Nos importa lo que la gente piense de nosotros. Nos preocupamos por agradarle. Nos preocupa meter la pata. Nos preocupa equivocarnos, no ser lo bastante buenos. Nos preocupa que la gente no esté de acuerdo con nosotros y parecer tontos. Oh (bostezo), es una larga lista.

Es bueno ser amable, responsable y atento, por supuesto que lo es, pero estamos demasiado dispersos enfocando de manera incorrecta nuestras preocupaciones. En lugar de preocuparnos por las cosas relevantes, como ayudar a las personas que nos importan, ser amables con nosotros mismos, crear un impacto en nuestra vida o divertirnos como locos, estamos tergiversando nuestras preocupaciones.

Cuando nos preocupamos de forma descuidada nos presionamos demasiado a nosotros mismos y acabamos dejando de lado nuestros deseos y necesidades. Es como si les hubiéramos dado demasiada importancia a los sentimientos de los demás. Nos estamos diciendo a nosotros mismos y al mundo que no nos tome en cuenta, que no somos importantes.

Baja la granada

Recuerdo cuando era niña y caminaba por el pasillo del gimnasio de la escuela. Debía de tener unos 10 años y llevaba cara de pocos amigos. Una de las señoras que trabajaba en la oficina pasó junto a mí: «Anímate, puede que nunca ocurra», me dijo. Y yo, en lugar de sonreír, murmuré, de forma exageradamente dramática: «Ya ocurrió». No recuerdo lo que pasaba, pero para mí era una desgracia.

Cuando pasa algo no tan grave, podemos llegar a pensar que es lo peor del mundo. A veces lo pequeño se convierte en insuperable y puede darnos la sensación de que vamos caminando con una granada en la mano y que nuestras palabras pueden hacer saltar todo por los aires en cualquier momento. Como si tuviéramos tanto poder que nos congelamos. Por si acaso, ya sabes, ¡kabum!, por si molestamos a alguien, o no somos lo bastante buenos, o metemos la pata, o parecemos tontos, así que no hacemos nada, nos quedamos quietos en la esquina, sujetando la granada imaginaria.

Pero podemos elegir dejar la granada, guardarla en una caja. No es para nosotros.

Escritura libre

Nos quedamos atrapados en un bucle mental interminable. Somos menos propensos a hablar de las cosas porque somos tímidos, y eso nos impide obtener retroalimentación y una nueva perspectiva sobre nuestras preocupaciones. Repetir nuestros pensamientos refuerza nuestras ideas e inquietudes hasta que nos convencemos de que son ciertas. Pero si encontramos la manera de expresar nuestros sentimientos y preocupaciones, podemos dar un paso atrás y empezar a ver las cosas con objetividad, ver las situaciones de otra manera. Expresar nuestras emociones a través de la escritura es una forma sencilla de procesarlas para las personas tímidas. Cuando pones la pluma sobre el papel y tus sentimientos fluyen de ti a la página, te ayuda a entender y afrontar las cosas. Es posible que adviertas que tus sentimientos son un tanto extremos, que proceses las cosas de otra manera o que encuentres la paz. El acto de escribir hace que dejemos de lidiar en silencio con nuestras neuronas.

Caerle bien a todo el mundo

Solo puedes ser de verdad libre cuando dejas de intentar agradarle a todo el mundo y gustarles a todos, todo el tiempo.

Cuando intentas agradarles a todos, corres el riesgo de no hacer nada ni decir nada. Cuando quieres complacer a todo el mundo, corres el riesgo de no agradarle a nadie. Te conviertes en una magnolia. ¿Y a quién realmente le gustan las magnolias?

Imagina que escribes un artículo, imprimes copias y se lo muestras a 100 personas. Cada uno tendrá una opinión diferente, un punto de vista distinto, pero es lo mismo. ¿Cómo es posible?

La gente interpreta las cosas de manera diferente. Tiene valores diferentes, diferentes experiencias, agendas distintas y distintas emociones. Todo va a afectar su reacción y no puedes controlar nada de eso.

Intentar gustarle a todo el mundo y que todos estén de acuerdo contigo siempre es un ejercicio inútil. Podrías dedicar tu vida a agradarle a todo el mundo y nunca lo conseguirías. Siempre habrá personas a las que no les agrades, y no pasa nada. Ambos sabemos que eres brillante, y si no pueden verlo, ellos se lo pierden. De verdad.

No importa la opinión de todo el mundo, mantente disponible para la gente que realmente cuenta, los que son importantes para ti, y deja que el resto se vaya.

Algunas personas son idiotas

Cuando haces algo que te importa, como echar a andar un negocio, escribir un libro o jugar un partido de futbol, puedes encontrarte con críticos e idiotas.

> *Una de las madres de la escuela se me acercó y me preguntó cómo me iba en el trabajo. Le conté que, como me habían despedido, había decidido reinventarme y con-*

> *vertirme en entrenadora personal. Me miró de arriba abajo y me dijo: «¡Qué graciosa eres! Supongo que siempre has sido muy marimacha, ¿no?». Quería darle una patada, pero no lo hice. Sentí como si toda mi esperanza se hubiera roto en mil pedazos.*
>
> LIANNE

¿Te preocupa lo que esa cara de vaca piense de ti? No mucho, porque tienes cosas más importantes que hacer. Puedes elegir. Preocúpate de si tus planes son ridículos o piensa: ¡al diablo contigo y con tu opinión, Sandra! Estoy ocupada con mi vida y mi carrera, ¿tú qué estás haciendo?

La razón por la que la gente opina y hace comentarios sarcásticos se debe a que a menudo no tiene nada que hacer en su propia vida o están celosos, o tienen hemorroides y se desquitan contigo.

No te preocupes por los comentarios y opiniones de la gente. En lugar de eso, compadécete de ellos, las hemorroides son horribles, eso he oído. En un concurso de talentos, hay miles de personas deseando que el que hace malabares con cuchillos y bolas de fuego triunfe porque es valiente, porque lo intenta, porque se atreve a intentarlo y porque se atreve a presentarse y subirse al escenario.

No deseas que se caigan de la cuerda floja y se rompan todos los huesos del cuerpo, al tiempo que arden en llamas y se cortan en mil pedazos durante una transmisión en vivo. Solo un completo psicópata le desearía eso a alguien.

Y lo mismo ocurre contigo. Cuando te presentas y hablas, la gente quiere que tengas éxito porque estás entrando al ruedo. Si das una plática, la gente que ya sabe sobre lo que estás hablando piensa: «Sí, es cierto. Estoy de acuerdo». Y la gente que no había escuchado eso antes piensa: «Es nuevo e interesante».

La mayoría de las veces, la gente quiere que tengas éxito. Los que no quieren que tengas éxito no son tu gente, son idiotas, pero los que te quieren y desean que te vaya bien son las personas en las que te vas a enfocar.

Cuídate

Abraza al tejón de la miel que llevas dentro. No es un eufemismo. Si no has visto el famoso meme «Crazy Nastyass Honey Badger», narrado por el tipo más gracioso de la historia, Randall, ¡ve a verlo!

> Los tejones de la miel son unos locos, no le tienen miedo a nada, y nada les importa. Son tan desagradables siempre persiguiendo cosas y comiéndoselas. Una casa llena de abejas. Al tejón de la miel no le importa una mierda, entra en un nido de abejas, lo pican como mil veces y no le importa. En una gran batalla entre una cobra real y un tejón de la miel, el tejón acaba con la cobra.

Me gusta el hecho de que al tejón de la miel no parece importarle nada. No lo frenan el miedo ni la preocupación ni el deseo de asegurarse de que todos y todo lo que le rodea sean felices. Va por todas, a toda velocidad.

Ser cien por ciento tejón de la miel tal vez nos llevaría a la cárcel. Pero ¿y si fuéramos un poco «tejones de la miel»? ¿Y si nos cuidáramos un poco más?

Cuando te levantas cada mañana, tienes una cantidad de energía para gastar. Puedes elegir gastarla como quieras, puede ser comiendo para obtener más energía —bono— o puedes hacer ejercicio y perfeccionar esos abdominales, construir algo genial, pensar en cosas, ayudar a los demás, cambiar el mundo de alguna manera. O podrías arreglarte y decorar el espacio que te rodea, ir a patinar, teñirte el pelo de morado y tener un maratón de sexo durante todo el día.

Gasta tu energía sabiamente, no la malgastes en cosas que no significan nada y no te hacen feliz.

> Preocúpate menos por lo que piense la gente.
> Preocúpate menos por caerle bien a todo el mundo.
> No te preocupes por intentar hacer felices a todos.

No te preocupes por meter la pata.
Que te importen menos las críticas.
Preocúpate menos de la gente que no te importa.
Preocúpate solo de las cosas que realmente te importan.
Preocúpate de las cosas relevantes.
Cuida a las mejores personas.
Cuídate con esmero.

Solo entonces podrás convertirte en Poderoso y Libre.

MISIÓN PODEROSA

¡Prueba esto para volverte de forma instantánea más poderoso!

- Haz una lista de las personas y cosas que de verdad te importan. ¿Qué opiniones son realmente valiosas?
- Ahora, vuelve a checar tu lista. Solo tienes espacio para cinco personas o cosas.
- ¿A quién (o qué) puedes dejar fuera?

CAPÍTULO 13

PODEROSO Y ACOGEDOR

Antes, ni siquiera podía pedir pizza por teléfono porque era muy tímida. Creo que por eso salgo tanto en la pantalla, porque es mi momento de soltarme en un lugar seguro.

EVAN RACHEL WOOD, actriz[1]

Llevábamos meses esperándolo, y cuando por fin llegó el día, nos dimos cuenta de a poco de la enorme responsabilidad que recaía sobre nuestros hombros. A nuestro hijo le tocaba llevarse el osito de la guardería a casa durante el fin de semana, una tarea sagrada y una oportunidad única en la vida. Dependía de nosotros como familia cuidar del oso: alimentarlo, entretenerlo, llevarlo en busca de aventuras y asegurarnos de que volvería sin un rasguño a la semana siguiente.

Los detalles de estas travesuras se documentarían en un cuaderno específico, listo para ser compartido con la clase. Estudié detenidamente el cuaderno, repasando las aventuras anteriores del oso, escritas de forma meticulosa por unos padres que no tenían nada mejor

---

[1] https://m.imdb.com/name/nm0939697/quotes.

que hacer que vendernos la idea de que su hijo de tres años era un genio de la literatura.

Me tomé muy en serio la tarea de cuidar al oso. Temía que fuéramos nosotros quienes dañáramos o perdiéramos a nuestro invitado especial.

Dejamos que el oso viera sus programas de televisión favoritos, lo vestimos, lo mimamos, lo invitamos a cenar, lo hicimos partícipe en debates apasionantes y lo llevamos de excursión. Fuimos amables con él, le proporcionamos lo que necesitaba y mucho más. Durante ese inolvidable fin de semana, fue uno más de la familia.

Cuidamos de ese viejo osito de peluche apestoso y enmarañado, cubierto de mocos durante generaciones. Fuimos amables con ese objeto de pelaje sarnoso. Y la verdad es que no fue tan difícil. Así que, si ser amable con algo tan asqueroso es fácil, ¿por qué no podemos serlo con nosotros mismos?

La gente tímida tiene una veta maltratadora

Somos compasivos y bondadosos con los demás. Somos empáticos y comprensivos. Nos preocupamos, pero no de nosotros mismos, y no es solo que «no seamos tan amables» con nosotros mismos; no es que nos hemos descuidado un poco, va más allá. Somos malvados, nos tratamos peor de lo que trataríamos a cualquier otra persona, animal o muñeco con relleno.

Como si ser tímidos no fuera lo suficientemente duro, hemos decidido subir un peldaño más, cediendo ante el acosador interior que vimos antes. Ese acosador interior ha tomado el control. Llamémosle Dick. Todos tenemos un Dick dentro de nosotros, y es horrible, controlador, abusivo y necesitamos que se vaya.

El hecho de que a veces nos cueste hablar significa que muchos de nuestros pensamientos están interiorizados. Hablamos mucho con Dick y nada le gusta más que aplastarnos y silenciarnos. Y cuando no cubrimos nuestras elevadas expectativas, nuestro Dick interior está ahí, listo para decirnos con petulancia que sabía que fracasaríamos.

Odiamos la confrontación y, sin embargo, nos enfrentamos constantemente a nosotros mismos. Qué ironía. Nos punzamos, rechazamos, reprendemos, condenamos. Somos duros y mezquinos, nos criticamos con frecuencia, nos decimos que no valemos nada y que no importamos.

Nunca le hablaríamos a otra persona como nos hablamos a nosotros mismos. Todas las personas, tímidas o extrovertidas, merecemos experiencias positivas. Merecemos amor, merecemos amabilidad, merecemos respeto, y merecemos recibir esas cosas de los demás y de nosotros mismos.

Una voz más amable

> *Mirando al pasado, diría que la timidez me ha frenado. Me afectó en muchos aspectos de mi vida, desde las amistades hasta el trabajo. Pero en gran parte tenía que ver con mi relación conmigo misma. Con frecuencia siento que tengo que esforzarme más por ser mi mejor amiga, hablar por mí misma y ser positiva.*
>
> LIZ

Según *The Brain* (serie documental de la PBS creada y dirigida por el neurocientífico David Eagleman), ¡nos decimos entre 300 y 1000 palabras a nosotros mismos cada minuto!, así que hagamos que esas palabras sean positivas.

Los Navy SEAL de Estados Unidos han adoptado la autoconversación positiva. Cuando están bajo el agua, privados de oxígeno y enfrentándose a situaciones estresantes, emplean palabras positivas para ayudarse a manejar todo lo que se les viene encima.

Imagina que estás hablando con un cachorro adorable, peludo e inquieto. Ahhh. Por accidente, se hace pis en la alfombra. Uy. ¿Qué harías? Agacharte y decir con voz suave: «No pasa nada, intenta hacer pipí afuera la próxima vez. Vamos a limpiar esto, ¿sí?». Colocarte sobre él de forma amenazadora y gritar: «¡Eres un pedazo de mierda! ¡La has cagado! ¡Te odio, eres un inútil!». Creo que podemos asumir con seguridad que elegirías la primera opción.

Siguiente pregunta: tu amigo perdió una oportunidad en el trabajo, tenía miedo de presentarse y está decepcionado consigo mismo. ¿Cómo reaccionarías?

A) Tranquilizarlo y decirle que no pasa nada. Escucharlo. Validar sus sentimientos. Decirle que estás orgulloso de él y ayudarlo a buscar la próxima oportunidad.

B) Tomarlo por los hombros y gritarle a la cara: «¡Eres un completo fracaso! No te mereces nada. Eres un perdedor total. Te odio».

Asumo que no eres un total cretino y que escogiste la opción A.

Escuchamos a nuestros amigos, les ofrecemos consejo y los animamos. Podemos hacerles preguntas y tratar de entender lo que realmente les pasa. Los ayudamos a asimilar sus sentimientos y a buscar soluciones. No descartamos sus conflictos y dramas, no les decimos que se callen y se controlen. Y, sin embargo, no extendemos esta amabilidad y compasión a nosotros mismos.

Es hora de que empecemos, ¿no crees? A partir de ahora procuremos hablarnos a nosotros mismos como si fuéramos un buen amigo o un cachorrito adorable y peludo. ¿Cursi? Un poco, pero vale la pena intentarlo.

Pregúntate a ti mismo: ¿Cómo me hablaría mi mejor amigo en este momento? ¿Qué consejo me daría? ¿Cómo me animaría o me tranquilizaría?

Ser compasivos con nosotros mismos nos hace sentir bien. Liberamos más oxitocina, una hormona que nos ayuda a sentirnos tranquilos y seguros, y este sentimiento nos anima a pasar a la acción, a hacer las cosas que se requieren.

El camino para ser más poderosos es largo. Todos sabemos que los viajes por carretera son más divertidos cuando vas con un amigo, así que empecemos por ser amigos decentes de nosotros mismos y la próxima vez que se te salga el cretino que llevas dentro, analiza... ¿Se lo dirías a un amigo? Si no, dile a Dick que cierre el pico.

Descarga de adrenalina

Ser tímido puede ser estresante. Las situaciones cotidianas, como pedir un café, cruzarse con un conocido en la parada del camión o plantear un problema a un compañero, nos hacen sentir incómodos, estresados y cohibidos. Nuestro cuerpo tiembla, nuestro corazón bombea como un pistón, nos sonrojamos y sudamos. Sentirnos incómodos y expuestos aumenta nuestros niveles de ansiedad, y cuando estamos estresados liberamos dos hormonas: cortisol y adrenalina.

La adrenalina (o epinefrina en Estados Unidos —ahora todos esos episodios de *Grey's Anatomy* tienen sentido—) da una sacudida a tu corazón y lo hace latir como un tambor; aumenta tu energía, de modo que estás listo para la batalla. La adrenalina es un golpe rápido, pero el cortisol es una solución a largo plazo, pues aumenta los niveles de glucosa en lasangre y ayuda al cerebro a estar más alerta, también suprime áreas que no son necesarias, como los órganos reproductores y la digestión.

La adrenalina está diseñada para darnos fuerza de superhéroes en momentos peligrosos, solo durante cierto tiempo para que podamos salvar el día, pero una vez que se acaba el subidón nos quedamos con un bajón de adrenalina. El peligro ha desaparecido, así que los niveles de adrenalina y cortisol descienden. Este descenso repentino provoca un montón de desafortunados efectos secundarios, desde vómitos o llantos, hasta risitas incontrolables o incluso hacerse pipí. Además, toda esa adrenalina consume una gran cantidad de oxígeno y energía, por lo que te sientes agotado y necesitas una siesta. Una vez que desaparece la presión, tenemos dificultades para funcionar, nos estrellamos y agotamos.

¿Y si tu timidez te hace sentir ansioso la mayor parte del tiempo? Tu respuesta de lucha o huida está siempre activada, tu sistema de respuesta al estrés se activa y las hormonas del estrés, sobre todo el cortisol, siguen fluyendo por tu cuerpo. Y si de forma permanente tienes cortisol inundando tu cuerpo, puede provocar problemas estomacales, enfermedades cardiacas, aumento de peso, dolores de cabeza y trastornos del sueño, es decir, efectos no muy buenos.

Nos subimos a la montaña rusa de la ansiedad todos los días, así que no es de extrañar que nos sintamos agotados. Al igual que los deportistas de élite, tenemos que cuidarnos de una forma particular, gestionar nuestra energía y la presión a la que nos sometemos, para poder liberar nuestro tímido potencial cuando realmente importa. Necesitamos comodidad, amabilidad y seguridad para funcionar y prosperar. Necesitamos apapacho para brillar.

Confinados a la comodidad

Las zonas de confort tienen mala prensa. Internet está plagado de artículos y memes que nos dicen que quedarnos en nuestra zona de confort es aburrido, es enemigo del crecimiento personal, es de flojos y nos lleva a languidecer en nuestra propia suciedad, usando pants cubiertos de manchas sospechosas sin habernos bañado en días.

La gente exitosa nos dice que debemos esforzarnos. Los gurús del *management* creen que la ansiedad aumenta el rendimiento, que la adrenalina alimenta el éxito. ¡Rarrr! Según los *influencers* y los gurús de Instagram, relajarnos en nuestra zona de confort es señal de que nos estamos estancando en el pantano del fracaso, pero creo que nos están tomando el pelo con todas esas tazas inspiradoras (y no estoy llamando tazas a la gente; estoy hablando de tazas de verdad en las que te bebes un té), proclamando que las zonas de confort matan los sueños y el éxito.

¿Por qué elegiría vivir mi vida sintiéndome incómoda? Parece una idea terrible que me hace estremecer.

Los tímidos sabemos lo que es sentirse ansiosos y no nos ayuda a rendir ni a dar lo mejor de nosotros mismos. No es una forma de vivir. No es bueno para nosotros porque puede enfermarnos. Necesitamos sentirnos cómodos para poder superarnos a veces. Requerimos un espacio seguro al cual volver cuando terminamos de forzarnos; espacio y tiempo para recuperarnos, reponernos y recobrar la fuerza que necesitamos para empezar de nuevo.

Si presionamos, presionamos y presionamos, enfrentándonos constantemente a nuestros miedos sin descanso, inundamos nuestro cuerpo de cortisol. Vivimos en un estado constante de ansiedad, pasando de una crisis de timidez a otra, pero si nos sentimos cómodos y seguros, viviendo en nuestra zona de confort, o un poco más allá de ella, tenemos la fuerza y la seguridad que necesitamos para dar pequeños pasos, construyendo una vida y un futuro para nosotros mismos, día a día.

> *Tengo mis suéteres favoritos. Son acogedores y cómodos y me hacen sentir yo misma. Me los pongo en lugar de vestirme elegante cuando voy a eventos en los que tengo que ser sociable. Esto me ayuda a sentirme segura en una situación en la que normalmente no lo hago. Una vez fui a una gran fiesta de* networking *directo de una clase de entrenamiento, con mi ropa de ejercicio, totalmente sudada. Estaba hecha un desastre, y fue lo mejor. Tenía muchas endorfinas después de hacer ejercicio, no había intentado ir guapa, no me pinté los labios ni me disfracé, que es lo que me hace sentir falsa. No tenía la sensación de estar fingiendo y fracasando, era yo misma al cien por ciento, y eso me hacía sentir segura.*
>
> RUTH

La seguridad ante todo

Cuando no nos sentimos seguros, es difícil concentrarse en otra cosa. Tu cuerpo y tu cerebro están preocupados por intentar asegurarte que no estás a punto de despeñarte hacia la muerte.

Cuando estamos físicamente a salvo, sabemos que no nos va a comer un monstruo, porque tenemos una casa con ventanas y puertas, lo que significa que podemos relajarnos, ver la tele y cenar con tranquilidad. Vivir lo bastante lejos de volcanes, fallas geológicas y bordes de acantilados aumenta la probabilidad de que nuestra casa no implosione, explote o caiga por un barranco afilado en un futuro próximo. Hemos entregado nuestros machetes y armas, no hay cables con corriente colgando de las paredes, nos han revisado nuestra instalación de gas, no hay sustancias venenosas por ahí y el perro no parece tener rabia.

Saber que no corremos un riesgo inminente de sufrir lesiones, violencia o amenazas es bastante agradable y es una necesidad primaria y básica, pero hay otro tipo de seguridad: la seguridad psicológica o emocional.

No es algo que podamos ver, no hay estampas de calaveras que nos alerten del peligro, pero el peligro emocional, o amenaza social, surge cuando nos encontramos con la burla, el ridículo, la rabia, la culpa, el acoso o la grosería.

La seguridad emocional es importante. Es algo en lo que debemos pensar más, ya que puede tener un gran impacto en nuestra vida. Es importante en el hogar, en la escuela, en las relaciones, en los equipos, en el deporte y en el lugar de trabajo. Cuando las personas se sienten seguras son capaces de hablar, lo cual es especialmente importante para los tímidos.

> *Mi familia, mis amigos, mi osito de toda la vida, mi gato... ¡todos me miman! Jackie, mi osito de peluche, me hacía sentir segura de niña, y también lo hacía mi hermano mayor, que era como un superhéroe para mí.*
>
> JUNO

Nos sentimos emocionalmente seguros cuando confiamos en la gente que nos rodea, cuando sabemos que podemos arriesgarnos sin ser juzgados o criticados, cuando nos sentimos cómodos siendo nosotros mismos.

En situaciones en las que las personas se respetan mutuamente, sienten que pueden pedir ayuda, reconocer sus errores, admitir que han metido la pata, hablar de manera abierta de las cosas que han salido mal, la gente se siente libre para probar cosas nuevas, experimentar y asumir riesgos.

Cuando creemos que estamos psicológicamente seguros, nos sentimos capaces de probar cosas nuevas y avanzar. Cuando nos sentimos seguros podemos ser creativos, compartir nuestro trabajo y nuestras ideas, así como nuestros sentimientos y pensamientos más íntimos, expresar nuestro verdadero yo, ser vulnerables y honestos, y hablar con libertad.

Merecemos sentirnos seguros en todos los ámbitos de nuestra vida, para poder florecer y prosperar. Merecemos sentirnos seguros y cómodos en nuestro hogar, amistades, relaciones, escuela, círculo social y lugar de trabajo.

Rodéate de personas que te cuiden y te nutran, gente que te comprenda y te apoye, a los que podrías llamar a cualquier hora si te encuentras con una araña enorme. Esas son las personas que necesitas en tu vida.

> *Me siento segura con mi novio y mi mejor amiga. Me siento segura sola. Necesito gente que me entienda, que me quiera por lo que soy y que no vea mi timidez como algo malo.*
>
> Roxy

Elige lugares de trabajo en los que se acepten el diálogo abierto y los comentarios, las personalidades y los puntos de vista diferentes. Elige los que aceptan el aprendizaje y los errores. Elige lugares de trabajo que saquen lo mejor de ti. El trabajo no es una cárcel, si no te gusta, no tienes por qué quedarte.

Pasa tiempo con personas que te animen a hablar, preguntar y compartir tus opiniones, gente que te anime a ser tú mismo.

> *Yo tenía un amigo que me humillaba constantemente. Decía cosas como: «Siempre haces tonterías», «eres demasiado callada», «estás de muy mal humor». Sus palabras me parecían duras y me hacía sentir mal conmigo misma. Tardé mucho tiempo en darme cuenta de que no merecía que me hablaran así.*
>
> LYN

Boxeo inteligente

A la gente no le agrada que me guste el boxeo. Les parece raro; sin embargo, a algunas personas, incluidas mis abuelas, de manera sorprendente, les parece genial. Me animan y me apoyan, pero otros, a menudo los que yo esperaría que me respaldaran, no lo hacen. Siento que intentan cambiarme. No les gusta que vaya a entrenar ni que salga con mis amigos del gimnasio. Hacen comentarios graciosos al respecto. Siento que me critican y hablan a mis espaldas. De hecho, sé que lo hacen, por lo que no se me antoja nada pasar tiempo con ellos.

Cuando sentimos que no nos apoyan emocionalmente, nos callamos, cerramos la puerta y nos reservamos nuestros sentimientos. Cuando nos preocupa que nos critiquen, nos rechacen, nos ignoren o hablen mal de nosotros, aprendemos que callar es la mejor opción.

> *Intentaba hablarle de mi trabajo, de lo duro que era y de mis dificultades, pero cada vez que lo hacía cambiaba de tema o hablaba de sus cosas. Al final dejé de hablar de ello y me reservé aún más.*
>
> NICK

Cuando nos sentimos seguros, podemos mostrarnos tal como somos, podemos ser nosotros mismos, sin que nos critiquen o reprendan constantemente por no ser como alguien quiere que seamos. No es mucho pedir estar rodeado de gente amable y considerada.

La seguridad no es aburrida y lo cómodo no es monótono. Cuando nos sentimos seguros, podemos hablar de nuestros sentimientos, de nuestros deseos y necesidades, así como de nuestras preocupaciones. No nos ponemos a la defensiva ni nos enojamos ni nos ponemos quisquillosos. Cuando nos sentimos seguros, somos libres para ser creativos, amar, reír y vivir en plenitud nuestra vida. Cuando nos sentimos seguros, somos libres para ser más poderosos.

Un cerebro estresado no puede pensar con claridad

Nuestro cerebro está programado para estar alerta ante el peligro. Utiliza un sistema llamado «neurocepción» para procesar las sensaciones de nuestro cuerpo y averiguar si las personas o las situaciones son peligrosas y, a continuación, poner en marcha la acción correcta. Si consideramos que un abrazo es seguro, podemos relajarnos y conectar con la otra persona. Si un abrazo de un desconocido nos parece desagradable, nos paralizamos o actuamos de forma evasiva.

Cuando nos sentimos seguros tanto física como emocionalmente, la parte social de nuestro cerebro también se relaja y podemos pensar con más claridad. Podemos ser creativos, escuchar, ser empáticos, colaborar, platicar con otras personas y disfrutar de un abrazo.

Cuando nos sentimos inseguros, toda nuestra capacidad cerebral y nuestros recursos físicos pasan al modo de protección. Y no es solo que no queramos hablar de manera abierta o experimentar o probar cosas nuevas, es físicamente más difícil aprender cosas nuevas o concentrarse en ser valientes si nos sentimos inseguros. Cuando nos sentimos ansiosos, inseguros, avergonzados, incómodos o asustados, nuestro cerebro entra en modo pánico y se enfoca en el león, en lugar de concentrarse en ser más valientes. Necesitamos sentirnos tranquilos, cómodos, seguros y arropados para asimilar información, concentrarnos, tomar decisiones acertadas, asumir riesgos y alcanzar nuestros objetivos.

Esto va mucho más allá de los mimos y el autocuidado, ¡es ciencia!

Empujarnos hacia delante exige mucho de nuestro cerebro. Y, al igual que el cerebro de un atleta profesional, para que el nuestro rinda a un nivel superior necesita las condiciones adecuadas.

Cuando estamos estresados nuestro cerebro se vuelve papilla. Bueno, algo así. La parte frontal de nuestro cerebro llamada «corteza prefrontal» (CPF) controla el pensamiento profundo, nuestra capacidad para planificar o tener ideas y regular nuestras emociones. Cosas importantes.

Al estar estresados esta parte avanzada del cerebro se desconecta. No querrás tener pensamientos profundos, reflexionar sobre el sentido de la vida o idear el argumento de tu próxima novela cuando estás a punto de enfrentarte a un león. En momentos de estrés y peligro, nuestro cerebro debe ser capaz de luchar o huir.

Cuando estamos estresados durante largos periodos, quizá porque el hogar, el trabajo o las relaciones no son seguras ni nos apoyan, permanecemos en la parte primitiva de nuestro cerebro, listos para saltar al modo de lucha. El estrés prolongado puede incluso hacer que perdamos conexiones entre el córtex prefrontal y otras áreas del cerebro.

Por eso, cuando uno se siente intimidado, juzgado o constantemente criticado, empieza a tropezar con las palabras, se emociona demasiado, no recuerda cosas importantes y le cuesta más trabajo formar frases coherentes. Cuando estás estresado la parte pensante de tu cerebro se desconecta.

Es difícil ser poderoso cuando no puedes articular una frase.

La seguridad emocional es como una red debajo de nosotros, lista para salvarnos si nos caemos, y como sabemos que está ahí, nos sentimos capaces de arriesgarnos, de pasar por la cuerda floja, porque si nos caemos, no vamos a acabar salpicados por el suelo.

La única razón por la que soy capaz de subir a un *ring* de boxeo es porque he convertido la manta de confort bajo la que me escondía en una red de seguridad. Saber que hay una manta suave y flexible debajo de mí, lista para atraparme si la necesito, me hace sentir segura física y emocionalmente.

Tengo el entrenador, el programa de entrenamiento, el plan de nutrición, los zapatos, los guantes, el protector bucal y, lo más importante, los shorts brillantes adecuados.

Todo está en su lugar. Crear comodidad y seguridad a mi alrededor y saber que me cuidan me da sensación de seguridad y fuerza.

Hay un mundo de posibilidades, crecimiento y oportunidades ahí fuera, esperándonos, pero para llegar ahí necesitamos sentirnos lo suficientemente seguros, en lo físico y en lo emocional, para salir de las sombras y entrar en una vida más satisfactoria.

Solo necesitamos saber que contamos con una red de seguridad.

Sentirse arropado

Aparte de controlar las situaciones en las que nos encontramos y las personas que nos rodean, ¿de qué otra forma podemos crearnos una sensación de seguridad y apapacho? Podemos sentirnos cómodos y seguros de muchas maneras: desde la ropa que nos ponemos hasta los programas de televisión que vemos o el diseño de nuestra casa. Las posibilidades de sentirnos cómodos están en todas partes.

Podemos empezar por crear la sensación de que nos envuelve un fuerte y cálido abrazo. Ahhh. Soy una gran fan de la moda peluda: ropa de descanso de cachemira, bufandas cálidas, sudaderas de forro polar, calcetines esponjosos, un *body* extrasuave y botas. Ugg. Una delicia. También me gustan la ropa interior grande y los pantalones de cintura alta, de esos que abarcan todo. (Aunque no estoy segura de que me siente bien adoptar el *look* del obeso Obélix de *Astérix*).

Cuando tengo que dar una plática o hacer algo que da miedo me gusta usar un overol. Creo que llevar una gruesa pieza de tela de mezclilla sobre el cuerpo y unos sólidos tirantes me hace sentir protegida. Es como una armadura y, personalmente, creo que se ven muy bien, siempre y cuando no me ponga de lado, en cuyo caso parezco embarazada de ocho meses.

El hecho de que llevar ropa cómoda me haga sentir segura y relajada no es casual. Según las investigaciones, llevar texturas suaves o ropa de compresión puede ayudarnos a sentirnos más tranquilos. La presión sobre el cuerpo ayuda al cerebro a liberar serotonina, una sustancia química que produce felicidad y bienestar.

> *Me siento segura y cómoda cuando llevo mi bufanda de lana favorita. Siempre me la pongo. Mi cuarto de manualidades también me hace sentir segura. Tengo muchas luces de hadas y me gusta encender velas aromáticas para crear un ambiente acogedor.*
>
> Sam

Diseñar un espacio acogedor en tu casa te ofrece un lugar donde relajarte y recuperarte después de un duro día de trabajo. Un lugar cálido, con mantas reconfortantes, velas aromáticas, música relajante, y paz y tranquilidad que calmarán tu alma y te ayudarán a recobrar fuerzas.

> *Me siento más segura en casa. Creo que los aromas tranquilizantes como la lavanda ayudan mucho, también un baño caliente y la luz de las velas, al igual que muchas cosas sensoriales. Me ayuda a alejarme del mundo exterior. Creo que vivir en una ciudad es bastante malo para mi salud mental, así que me beneficia la sensación de que puedes retirarte a tu casa y encontrar paz y tranquilidad.*
>
> Tilly

Abraza al perro

Cuando estoy enferma, triste o estresada, el perro Bobby viene a rescatarme. Es como si supiera que necesito un abrazo y su compañía me ayudara. Los científicos han demostrado que acurrucarse con una mascota peluda tiene un efecto calmante sobre nosotros.

> *Hay algunos aspectos en mi vida que me hacen sentir segura: mi padre y mi madrastra me transmiten de forma permanente esa sensación porque son muy amables conmigo y me comprenden. Esto puede sonar raro, pero mi conejo me hace sentir segura, no sé por qué, pero siento que está ahí para mí.*
>
> PRIYA

Acariciar a nuestras mascotas nos hace sentir bien, por eso los perros o caballos de terapia son llevados a escuelas, hospitales, residencias de ancianos, hospicios e incluso tribunales, para ayudar a la gente a curarse y sentirse menos ansiosa. Cuando acariciamos a una mascota, o la miramos cariñosamente a los ojos, se libera la hormona oxitocina, que nos ayuda a relajarnos y a sentirnos menos estresados.

Bobs, ¿dónde estás?, necesito un apapacho.

Comida reconfortante

La comida reconfortante es buena para ti. En serio. Todos sabemos que el caldo de pollo es bueno para el alma, y yo diría que un plato de macarrones con queso tiene el mismo poder curativo.

La comida reconfortante funciona porque nos recuerda a cuando éramos niños. Es dar un paso atrás en el tiempo, volver a la seguridad y protección de la infancia, con esos gratos recuerdos de sentirnos cuidados.

Hay momentos en los que darnos el gusto de comer un helado o un tazón de puré nos hará sentir bien, pero hay otros tipos de comida que pueden ayudarnos a sentirnos menos ansiosos y que no nos llevarán a la obesidad.

No quiero que esto suene a un sermón sobre cómo estar sano, porque sé lo aburrido y molesto que es, pero ¿y si te dijera que la comida que consumimos podría hacernos sentir más ansiosos?

Si estamos estresados y ansiosos la mayor parte del tiempo, nuestro cortisol se mantiene elevado y acabamos almacenando grasa, y no en los lugares buenos. Demasiado cortisol también puede enfermarnos, pues aumenta la inflamación y reprime nuestro sistema inmune. Eso puede provocar resfriados y gripe, pero también aumentar nuestro riesgo de alergias, problemas estomacales, enfermedades autoinmunes e incluso cáncer.

Demasiada cafeína también puede hacernos sentir estresados y excitados, lo cual puede elevar nuestros niveles de cortisol. A todos nos ha puesto nerviosos o nos ha dado un bajón, ¿cierto? No voy a renunciar a la cafeína por completo, ya que estaría insoportable por las mañanas, pero limitar el consumo a una o dos tazas de café al día, o tal vez tomar Coca-Cola Light sin azúcar, sin cafeína y sin diversión, es un comienzo. Prueba en su lugar un té de manzanilla, un café con leche de cúrcuma o un té de frutas.

Evidentemente, llenarte de azúcar también es una mala idea. No voy a insistir demasiado en esto porque soy muy golosa, pero no todo son malas noticias para los adictos al chocolate, pues, al parecer, consumir una pequeña cantidad de chocolate negro puede ayudar a reducir el estrés y la ansiedad. No soy una gran fan, pero supongo que es mejor que nada.

Además de evitar los estimulantes, también podemos tomar decisiones más saludables y comer más verduras, fruta, granos, cereales, legumbres y proteínas, que pueden ayudar a reducir la inflamación. Asimismo, los pescados grasos con omega-3 también pueden ayudar a lo anterior. Los alimentos fermentados, como el yogur, son buenos para las bacterias intestinales y se han relacionado con la reducción de la ansiedad.

Como refrigerio, las nueces de Brasil contienen selenio, que puede reducir la inflamación y mejorar el estado de ánimo.

Se ha sugerido que una buena dosis diaria de vitamina D mejora la función inmune y también puede ayudar a mejorar el estado de ánimo y reducir los niveles de ansiedad, lo cual tiene sentido, tomando en cuenta que el sol también contribuye a ello. Los huevos contienen vitamina D y son una buena fuente de proteínas. También contienen triptófano, un aminoácido que ayuda a crear serotonina, un neurotransmisor químico que podría mejorar la función cerebral y aliviar la ansiedad.

Otros alimentos como las semillas de calabaza y los plátanos, que contienen mucho potasio, también pueden ayudarnos a mejorar nuestro estado de ánimo. Pay de calabaza, plátanos y pastel de nueces de Brasil... como si necesitáramos una excusa.

Movimientos poderosos

Hace unos años me comprometí a hacer ejercicio casi todos los días. Llevaba ya un tiempo adoptando hábitos bastante destructivos, como comer porquerías y luego sentirme muy mal conmigo misma. Además, como engordaba y me salían manchas, no tenía el aspecto que quería, lo que me daba otra razón para esconderme.

Anteponía todo tipo de excusas y realmente no podía hacer mucho ejercicio. Tampoco me atrevía a dejar de comer porquerías. Pero entonces, por casualidad, encontré algo que de verdad me gustaba: tuve la oportunidad de ponerme unos guantes de boxeo y golpear un saco, y eso cambió mi vida.

Me enamoré del boxeo y del sonido de los golpes. Es tan emocionante y sudoroso. ¡Nunca me había divertido tanto! Ahora siento que no puedo vivir sin él, se ha convertido en algo indispensable y me hace sentir muy bien, así que me hago tiempo para entrenar casi todos los días, incluso cuando estoy ocupada, cansada o lo que sea.

Antes no me habría imaginado que tendría el tiempo para eso. Sentía que darme prioridad a mí misma era egoísta o que no merecía divertirme, pero sí que me lo merezco. Y cuando me siento bien, fuerte, relajada y tranquila, soy mucho más agradable. Además, me encanta liberar todo el estrés y la frustración acumulados y, de vez en cuando, un poco de rabia. No importa lo que haya sucedido ese día, me siento mucho mejor después de entrenar.

El ejercicio es bueno para el cuerpo y el cerebro. Mover los músculos, aunque solo sea unos minutos al día, ayuda a reducir el estrés, disminuye la tensión, mejora nuestro estado de ánimo y nos ayuda a dormir mejor, de modo que cuando nos sentimos bien con nuestro cuerpo, nos sentimos mejor con nosotros mismos.

El ejercicio libera endorfinas y otras sustancias químicas benéficas que nos hacen sentir bien. Cuando estamos ocupados intentando golpear una pelota o un saco de boxeo no estamos pensando en nuestras preocupaciones o en el hecho de que somos tímidos. Conseguir cosas nos hace sentir bien. Levantar esas pesas o correr tan rápido como nos permiten nuestras piernas nos da una sensación de logro, y saber que tus músculos están en forma te hará sentir increíble.

Además, ejercitarse es divertido y es una buena manera de conocer gente y hacer nuevos amigos sin demasiado esfuerzo. La gente parece platicar entre sí cuando practica ejercicio o deporte. Es fácil y natural. Antes de que te des cuenta, estarás pasando el rato con tus amigos del gimnasio.

Poderosamente atento

La meditación y las técnicas de respiración o el yoga son una forma estupenda de calmar la mente y el cuerpo, basta con inhalar y exhalar despacio, hacer una pausa y descansar unos minutos. Nos pasamos la vida con prisas, de un lado para otro.

No sé tú, pero yo a veces siento que vivo en un estado de estrés constante, corriendo para todos lados, recordando todas las cosas que tengo que hacer. Deprisa, deprisa, deprisa. Es ridículo. Cuando me siento así, me tumbo un momento en el sofá e intento respirar, inhalar y exhalar, despacio, y reorganizarme.

Y si estoy a punto de hacer algo que me da miedo, inhalo y exhalo profundamente. Trato de canalizar mi aliento a los extremos de mis dedos, hacia abajo en mi cuerpo y en mis dedos de los pies. Me encanta que nadie pueda verme haciéndolo.

El día de mi primer combate casi me desplomo de ansiedad. Llegué al lugar y vi el *ring*. La adrenalina se apoderó de mí, sentía un hormigueo extraño en los dedos y los brazos. Lucía más blanca que una hoja de papel. Después de la revisión médica, hubo una larga espera. Estaba muy nerviosa.

Me senté en un rincón tranquilo, con los audífonos puestos escuchando música relajante. Intenté leer una novela barata, con un título bastante incongruente: *A Spring Affair*, o algo así, sobre una tienda de tés, y traté de ralentizar mi respiración, pasando de un jadeo perruno a una respiración calmada al estilo yogui.

Para aliviar los nervios y el estrés procuré inhalar por la nariz durante cuatro o cinco segundos y luego exhalar lentamente, durante cinco o incluso seis segundos. Me concentré solo en mi cuerpo y en relajar cada parte de él; en mantener la calma y la constancia.

Descansa

Hay una razón por la que un combate de boxeo se divide en *rounds*: nadie podría pelear durante media hora sin desplomarse. Y si lo intentara, sería un desastre. En lugar de eso, te esfuerzas durante tres minutos y descansas uno. Durante el descanso puedes sentarte, regular la respiración, beber un trago de agua, platicar un poco con tu entrenador y ponerte un parche con una sustancia extraña. Y volver a empezar.

La vida es así. Esforzarse. Descansar. De nuevo.

Aceptar nuevos retos y enfrentarse a nuestros miedos consume mucha energía. Es difícil ser poderoso si has llegado a un estado de agotamiento. No puedes empujarte hacia adelante y abrirte camino en la vida constantemente. Te agotarás.

Los deportistas saben que los días de descanso ayudan a lograr los objetivos más rápido. Hacer una pausa en el entrenamiento da tiempo a los músculos para curarse, recuperarse y fortalecerse. También permite regenerar el sistema nervioso. Descansar nos disuade de entrenar en exceso, lo que puede provocar lesiones o agotamiento.

Tanto si decides pasar 10 horas como 10 minutos relajándote, haz que cuenten. Acurrúcate en el sofá con una taza de café, camina descalzo por la hierba, date un largo baño de burbujas, pasea al perro por un lugar sorprendente, baila al ritmo de tu disco favorito de todos los tiempos, deléitate durante horas en un spa, ponte en plan yogui, sal con tus amigos. Cualquiera de esas cosas, o todas, pero no al mismo tiempo, por favor.

> *Me siento segura cuando escucho música. Lo que más me gusta es ir al cuarto de estudio y poner música a todo volumen (puede o no haber baile).*
>
> Tara

Y si no se te da bien acordarte de relajarte, ¿por qué no establecer una rutina «Mañana Poderosa»? Una vez que el caos se acaba y dejé de ir de un lado para otro como una loca gritándole a la gente buscando una espinillera (no preguntes), me gusta sentarme unos minutos con una taza de café y un cuaderno para planificar el día. Soy consciente de que no es exactamente una experiencia de spa, pero me gusta planificar, evita que me sienta perdida, de este modo siento que controlo mi vida. Hago una o dos listas. ¡Ahora sí!

> *Leer un libro que me «habla a mí» me ayuda a relajarme. Limpiar el refrigerador también. Saber que mi casa está limpia me hace sentir bien. Mi casa me hace sentir seguro, mi familia me hace sentir seguro.*
>
> Elliot

Dar prioridad a tus necesidades, aunque solo sea durante unos minutos, es bueno para todos los que te rodean.

Sueño poderoso

¿La mejor forma de relajarse? El sueño.

Dormir es un placer y es una forma sencilla de cuidar cuerpo y mente. Cuando nos sentimos ansiosos, nuestro cuerpo consume energía, y ser tímidos nos hace sentir ansiosos muchas veces. Nuestro cuerpo necesita dormir para regenerarse y recuperarse, sobre todo después de habernos esforzado por hacer algo que nos da miedo.

Por algo se llama «sueño reparador». En interés de la ciencia, Jennifer López duerme ocho horas diarias porque cree que dormir bien es el secreto de belleza más poderoso de la naturaleza. Y parece que le funciona.

Me encanta dormir, soy muy dormilona. Antes de una gran conferencia, por ejemplo, suelo echar una siesta, al fin y al cabo no hay mejor forma de relajarse que estar inconsciente o en coma. Después de un gran acontecimiento, una vez que la adrenalina ha dejado de fluir por mi cuerpo, dormir es la forma perfecta de recuperarme.

Dormir no es una debilidad. Dormir es un acto de cariño. No soporto que la gente presuma de lo poco que duerme, como si fuera un concurso. No es una competencia para ver quién duerme menos o más. Sé razonable. Escucha a tu cuerpo, y no necesariamente a un dispositivo de seguimiento. En lo personal, no se me ocurre nada que favorezca menos el sueño que conocer mis estadísticas de sueño, pero puede que solo sea yo. Saber que mis números no son buenos no va a ayudarme a relajarme, me va a estresar aún más.

Dormir bien es importante para mantenernos sanos y sentirnos bien en nuestro cuerpo y con nuestro cerebro. Cuando dormimos, nuestras células, músculos y neuronas se regeneran. Sin sueño, aparentemente empezamos a funcionar mal, y como a menudo nos sentimos ansiosos, dormir es en especial importante para los tímidos. Sin embargo, lo irónico es que, aunque necesitemos dormir, hacerlo cuando nos sentimos ansiosos es como intentar agarrar una anguila resbaladiza. Ah, y la falta de sueño nos hace sentir más ansiosos y menos capaces de afrontar la ansiedad cuando la tenemos. Maravilloso. Hablando de un triple golpe.

Ama tu cama. Yo lo hago, es mi lugar seguro, me relajo y me recupero en la cama, me acurruco, leo, escribo (estoy escribiendo esto en mi cama, con el perro en mis pies). Obviamente, hago otras cosas en mi cama, pero esa es una conversación para otro día, y es probable que no necesites oír todos los detalles.

> *Durante muchos años, en la infancia y la adolescencia, me encantaba mi almohada y buscaba consuelo en ella. Literalmente, enterraba la cabeza en su olor suave y familiar. Mi cama es el santuario que me protege del mundo.*
>
> BÁRBARA

Asegúrate de que tu cama sea un lugar cómodo y delicioso. Elige la ropa de cama más fina que puedas permitirte, las almohadas más suaves y blanditas y un colchón que te proporcione buen soporte. Despeja tu dormitorio de desorden, ruido y luces (¡y de gente que ronca fuerte!).

Si te cuesta dormir bien, trata de establecer una rutina: acuéstate y levántate a la misma hora, incluso los fines de semana. Evita beber cinco cervezas o cuatro tazas de café antes de acostarte… De hecho, después de comer, si queremos ser realmente sensatos. ¿Quién bebe cerveza por la mañana?

Establecer una rutina de sueño, acostarse y levantarse a la misma hora a diario, ayudará a tu cuerpo a adquirir un buen hábito. Como ya he dicho, me encantan las siestas energéticas de 20 minutos, pero después de las dos de la tarde me conducen a una noche por completo desordenada y de insomnio, al igual que una siesta de tres horas.

Calma la mente y el cuerpo con yoga o meditación. Adopta rituales de sueño, como darte un baño, utilizar un aceite de masaje relajante o leer un libro antes de acostarte.

Evita las pantallas antes de irte a la cama; la luz azul te mantiene despierto, y deja de leer sobre catástrofes naturales, muerte, destrucción y el fin del mundo, pues eso provoca sueños muy poco felices.

Si te cuesta conciliar el sueño (como a mí), escucha un pódcast o música relajante que te ayude a dormir. Elige unos audífonos que no te estrangulen ni te aplasten las orejas, o lee un libro muy aburrido... ¡este no, claro!

Si no puedes dormir, no des vueltas en la cama durante horas, levántate y cambia de aires; por ejemplo, vete a otra habitación, lee un poco y vuelve a intentarlo.

Si la luz o el ruido (del roncador antes mencionado) te molestan, utiliza un antifaz de seda, tapones para los oídos o audífonos; si no, ¡con una almohada sobre la cara bastará!

No hay premio por ser la persona más desaliñada y agotada, una cáscara marchita de ser humano. Empujarnos a ser más poderosos puede resultar incómodo a veces, y ser tímido ya es bastante difícil, así que cuidemos de nosotros mismos.

MISIÓN PODEROSA

¡Prueba esto para volverte de forma instantánea más poderoso!

Crear una red de seguridad acogedora nos apoya y nos da la libertad que necesitamos para ser más poderosos:

- Diseña tu red de seguridad.
- ¿Cómo vas a introducir un poco más de comodidad y seguridad en tu vida?
- ¿Verás la tele, encargarás una pijama de felpa, harás tu cama aún más acogedora o pensarás en cómo crear seguridad psicológica en el trabajo?

CAPÍTULO 14

LUCHA PODEROSA

¡Vamos, campeón! ¡Vamos, campeón! ¡Vamos, campeón!
Shannon «The Cannon», Briggs,
boxeador de los pesos pesados

La historia de Thug Rose

Frente a frente, la temible peleadora de la UFC Joanna Jędrzejczyk soltó un torrente de insultos contra su rival. La guerra psicológica de Joanna desgarró la difícil infancia de su rival, su estado mental, su familia, sus habilidades y su destreza. Su objetivo estaba claro. Su intención era destrozarla, menospreciarla, desordenar su mente, golpearla donde más le dolía.

Rose Namajunas, alias Thug Rose, no reaccionó ante el torrente de insultos. No se permitió sentir, mantuvo el contacto visual mientras Joanna le gritaba directo a la cara, y aun así no se inmutó ni movió un músculo. Sabía que, dijera lo que dijera, esa mujer no tendría ningún efecto en su mentalidad.

Entonces, apenas de forma perceptible, Rose comenzó a murmurar para sí misma, una y otra vez. «Confianza. Condicionamiento. Aplomo. Satisfacción. Soy una campeona». Su mantra. Habló en voz baja, casi en silencio. Estas palabras, repetidas rítmicamente, no iban dirigidas al público ni a su adversario. Estas poderosas palabras ayudaron a Rose a concentrarse, a entrar en sí misma y encontrar fuerza, calma y valor. Ninguna agresión, alharaca, insulto, dramatismo o intimidación podía herirla o inquietarla. Había encontrado la forma de acceder a su fuerza interior sin alboroto ni ruido. Mientras repetía su mantra, Rose entraba casi en un trance hipnótico que aportaba una sensación de calma y paz a su mente, incluso frente a una mujer muy enfadada.

Además de tener un efecto tranquilizador, los mantras entrenan a nuestra mente inconsciente para que crea las palabras que decimos, hasta tal punto que influyen en nuestro comportamiento consciente. Repitiendo su mantra una y otra vez, Rose se convirtió en la personificación de «Confianza. Condicionamiento. Aplomo. Satisfacción», y logró ser una campeona.

Rose aplastó a Joanna Jędrzejczyk, demostrando que hay que vigilar a los más tranquilos.

Después del combate, dijo: «Solo estoy luchando contra mí. Tu mente es solo otro músculo que puedes entrenar y fortalecer».

Rose Namajunas no es la única peleadora que aprovecha el poder de un mantra. Tras perder contra Vitali Klitschko en 2010, el boxeador de los pesos pesados Shannon «The Cannon» Briggs cayó en una profunda depresión, así que desarrolló un mantra que lo inspiraría y le daría energía para nuevamente ponerse en forma y volver a subir al *ring*.

Cantaba «¡Vamos, campeón! ¡Vamos, campeón! ¡Vamos, campeón!» una y otra vez para sí mismo.

¿Y sabes qué? Funcionó.

Poderoso por dentro

No me considero una persona especialmente fuerte. No soy la más grande, ni la más ruidosa, ni la más valiente. Ha habido momentos en los que me han quitado de en medio, me han hecho a un lado y me han pisoteado. Me he rendido con demasiada facilidad, no he alzado la voz, he seguido a la multitud y he permitido que me sucedieran cosas. Ha habido momentos en los que me he sentido débil, avergonzada y dominada, como si mi voz fuera demasiado endeble o baja para ser escuchada.

Suelo dedicar demasiado tiempo y energía a preocuparme por molestar o herir a los demás. Antes, ser agresiva me resultaba muy extraño. Era un poco cobarde, física y emocionalmente; si alguien era malo conmigo, me afectaba durante días. No me veía a mí misma como una persona fuerte y me preocupaba que esas cosas no fueran cualidades femeninas, pero debajo de toda mi suavidad, enterrada a bastante profundidad —muy, muy abajo, en algún lugar entre mi pecho y mi barriga y mis tripas y mi cerebro—, he descubierto que en realidad soy silenciosamente poderosa. Soy poderosa por dentro.

Todos estamos hechos de una complicada mezcla de cosas: soy dulce, tímida y amable, pero también soy luchadora, rebelde y fuerte. Creo que todos llevamos dentro una bestia poderosa, solo tenemos que aprender a aprovecharla.

Todos llevamos la fuerza dentro

Ser adorable no funciona en el *ring* de boxeo. ¿Quién lo pensaría?

Cuando empecé a boxear sentía que todo el mundo se reía de mí porque pensaban que no merecía estar allí o porque mi aspecto era ridículo. Creo que nunca me había sentido tan cohibida. Me sentía como un pez fuera del agua, o como una mujer de mediana edad con sobrepeso en un gimnasio de boxeo.

No me gustaba ni el sudor, ni el olor, ni los ruidos, ni el dolor. Cuando los entrenamientos eran duros me rendía con demasiada facilidad. Y no se lo digas a nadie, pero una vez me rompí una uña y sinceramente me entraron ganas de llorar.

Y luego estaban los puñetazos. Una cosa es golpear un saco pesado o las almohadillas, pero cuando alguien te devuelve los golpes, eso ya es un asunto serio. Solía cerrar los ojos cuando me daban un golpe en la cara y, en ocasiones, gritaba «¡Eek!», una técnica de boxeo poco recomendable.

Era una auténtica cobarde, pero persistí. Me encantaba cómo me hacía sentir pegar, el impacto y el golpe. Era estimulante. Desarrollé músculos en lugares donde no sabía que podían aparecer, y a medida que mejoraba mi técnica, más motivada me sentía, más duro trabajaba y mejores eran mis resultados.

Entonces tuve mi primer combate. Y ahí fue cuando todo cambió de verdad.

Antes de eso, mis principales preocupaciones eran cómo hacer el paseo por el *ring* sin que me entrara la risa, cómo subir entre las cuerdas sin tropezarme y caerme de bruces y si mi trasero se vería grande usando shorts. (Por cierto, me reí un poco, no me caí y mi trasero se veía enorme).

Tenía un plan de juego y algunas estrategias en mente, pero todas salieron volando por la ventana, más o menos inmediatamente. Chocamos los guantes, sonó la campana y mi rival se abalanzó sobre mí como una bestia furiosa. En ese momento me di cuenta de que podía elegir: podía preocuparme de ser pésima, de parecer tonta o de lo que iba a cenar y acabar aplastada, o podía defenderme. Elegí el modo bestia.

El hecho de haber sido capaz de pelearme delante de cientos de personas y no haber sucumbido a la presión me hace darme cuenta de que dentro de mí hay más fuerza de la que jamás hubiera imaginado. Y el hecho de que esté enterrada en lo más profundo significa que, más que solo un recubrimiento, esas cualidades forman parte de mi esencia, de lo que soy.

Con dedicación y compromiso, todos somos capaces de hacer cosas grandes y valientes. Todos llevamos la fuerza dentro, solo tenemos que decidirnos a ir por ella.

La timidez es nuestra fortaleza

Así que la timidez es lo nuestro. Sin duda, hace que la vida sea intrigante, ¿no crees? La timidez hace que la vida sea un reto; lo sabemos, pero ¿y si el caos de nuestra timidez, nuestra lucha, es lo que nos hace poderosos?

Los tímidos tenemos mucho que hacer. Nos enfrentamos a retos en todo tipo de situaciones: desde cafeterías a salones, pasando por reuniones y encuentros. Quizá nos encaramos a más retos que las personas extrovertidas y ruidosas; o quizá simplemente nos enfrentamos a retos diferentes.

Como en el gimnasio, si quieres tener unas nalgas de durazno, puedes hacer sentadillas interminables o puentes para glúteos, o puedes hacer estos mismos ejercicios con una banda de resistencia colocada alrededor de los muslos. Owww. Es la resistencia lo que te hace más fuerte.

El dolor, el trabajo duro y la molestia son útiles porque nos hacen más fuertes. Sin adversidad no hay oportunidad de desarrollar esa fuerza. Hemos colocado la perfección y el brillo como el escenario ideal, cuando en realidad necesitamos un poco de saliva y agallas para aprender y desarrollarnos.

Imagina que todo te saliera a pedir de boca todo el tiempo. Si nada fuera difícil o complicado, te deslizarías a lo largo del camino, con el éxito, las donas y las virutas de unicornio aterrizando en tu regazo. Nunca tendrías que intentarlo.

Hasta que lo hagas. Hasta el día en que la gente no esté ahí para sacarte del apuro o para darte todo lo que tu corazón desea. ¿Y entonces qué? No tienes las habilidades que necesitas para arreglártelas por ti mismo.

La lucha y los retos forman parte del rico mosaico de la vida. Y como siempre decía mi padre, forjan el carácter. Aunque cuando nos lo decía poníamos los ojos en blanco de una forma tan exageradamente dramática que nos arriesgábamos a sufrir una lesión permanente.

La timidez es nuestra lucha, y nos hace más fuertes. ¿Cómo te sientes cuando por fin te armas de valor para hablar en una reunión, o tener esa conversación difícil, o presentar tu trabajo, o dar esa conferencia? ¡De maravilla! Te sientes como una auténtica leyenda.

El hecho de que las cosas no sean fáciles nos hace apreciarlas más, y cuando por fin vencemos nuestros miedos, hablamos y nos mostramos con un poder silencioso que es difícil de ignorar. Somos poderosos a pesar de nuestra timidez y gracias a ella.

La perfección es imperfecta

¿Alguna vez has sentido que por mucho que te esfuerces no eres lo bastante bueno? Las personas tímidas nos ponemos unos estándares casi imposibles, lo que nos da la excusa perfecta para escondernos. ¡Qué ingeniosos!

Si nada de lo que hacemos está a la altura, no tiene sentido intentarlo. A mí me atormenta la presión de ser la mejor. Solía hacer esculturas por diversión, excepto que no era divertido. Siempre que hacía una, esperaba que fuera digna de una exposición individual. ¿Y si no lo era? Me entraba una rabia artística, la hacía pedazos y salía como loca de la sala.

Si lo que hacemos no está a la altura, ¿qué sentido tiene intentarlo? La búsqueda de la perfección nos da una excusa para vacilar y retrasar: el cuadro nunca está terminado; tu libro no está listo para ser leído; tu proyecto no está listo para ser evaluado. Buscar la perfección puede ser paralizante.

Si estás de forma constante criticándote y enfocándote en tus defectos, utilizando tarjetas de puntuación, haciendo listas de todos tus fallos, el miedo a meter la pata te dominará y te llevará a no hacer nada, y cada vez que fracasas o las cosas salen mal, te vienes abajo como una enorme carga de ladrillos. La perfección es demasiada presión y nos predispone al fracaso.

Lo que cuenta *es lo que haces*, la diferencia que marcas, no el hecho de que lo hagas con el cabello perfecto. La perfección es demasiado perfecta, desinfectada y aburrida, es como vivir la vida a través de un filtro. Es aburrido y no es real. Aspirar a ser la persona que va al gimnasio y no suda, la persona que sale con un aspecto impecable, la persona que habla en público sin titubeos ni nervios, la persona que lanza un negocio en un solo golpe dramático y sin dudas. Eso no es real.

¿Por qué esperar a que desaparezcan todas las dudas, a sacar un 10 perfecto o a ser campeones del mundo para sentirnos un poco satisfechos de nosotros mismos? Si nos exigimos tanto que solo podemos estar orgullosos de nosotros mismos o pensar que hemos hecho un buen trabajo cuando somos lo mejor posible, entonces puedo decirte que nunca seremos felices. Privarnos de la amabilidad hasta que alcancemos la perfección es doloroso.

No esperamos que todos a nuestro alrededor sean perfectos. De hecho, somos buenos siendo comprensivos con los demás porque aceptamos sus defectos. Y, sin embargo, no esperamos nada menos que la perfección cuando se trata de nosotros mismos.

Aceptar el desorden

La semana pasada me puse una sudadera negra nueva para ir al gimnasio. Me la puse para entrar en calor y luego, cuando empecé a sudar un poco, me la quité. Sin darme cuenta, me pasé el resto de la sesión cubierta de pelusa negra, con el aspecto de un gorila al que se le hubiera olvidado asearse. Al final de la clase fui al baño y vi la magnitud del desastre. En lo particular, me encantó cómo la pelusa negra se me había pegado a las axilas, haciéndome parecer que estaba en una especie de declaración de estilo feminista. Me sentía mortificada.

Una parte de mí quería cambiar de gimnasio y no volver jamás. Sentía que todo el mundo se reía de mí a mis espaldas. Una vergüenza épica. Pero cuando le conté a mi compañera de gimnasio lo que había pasado, me confesó que a ella le había sucedido exactamente lo mismo. Nos reímos un poco y decidimos lavar nuestras nuevas sudaderas varias veces antes de volver a usarlas y comprobar que no tuvieran pelusa. Amigas peludas para siempre.

Si trazáramos el camino hacia la grandeza en una gráfica —me encantan las gráficas—, no sería una línea recta y diagonal, sería ondulante e irregular, con bucles más grandes que una montaña rusa. El poder es desordenado y desigual. Las cosas salen mal, metemos la pata, y así es la vida. Es real. Claro que las cosas son mucho menos arriesgadas si nos quedamos en el sofá, pero la vida bajo una manta también es mucho menos emocionante.

¿Y si te cubres de pelusa? ¿Eso significa que nunca volverás a ponerte la sudadera? No. Tal vez intentaste hablar en una reunión y alguien te ganó la palabra, o realmente no conseguiste transmitir tu punto de vista. ¿Eso significa que las juntas han muerto para ti? Por supuesto que no, solo significa que aquella vez no lo hiciste muy bien, pero volverás a intentarlo.

Un sabio llamado Brian, mi entrenador de boxeo, me dijo una vez: «Todos somos idiotas». Todos somos un poco tontos, desordenados y locos a veces. No somos perfectos, no somos robots y metemos la pata. Decimos cosas equivocadas, las cosas nos resultan difíciles y se nos pasan algunas otras. Somos débiles y somos una gran mezcla de rasgos. Un revoltijo: buenos y malos. Y eso está bien.

Admitamos todos los aspectos sucios, desordenados y enredados de ser una persona humana en la vida real. Es un poco como intentar meter tus curvas en una faja moldeadora: si pretendemos alisar los bultos de la vida, los bultos saldrán por los lados, por donde no queremos que salgan.

En lugar de escondernos de nuestra timidez, aceptémosla y aprendamos a reírnos un poco de ella. Si pudiéramos relajarnos y dejar de compararnos con los demás —deseando ser más ruidosos, más estridentes, más bulliciosos— podríamos respirar, calmarnos y seguir viviendo nuestra vida. Solo entonces, cuando lo asumamos plenamente, podremos trabajar con ella, en lugar de desear que las cosas fueran diferentes.

Asumir la cabeza de chorlito que llevamos dentro significa reconocer que a veces las cosas no salen según lo previsto. Lo importante es que no seas un cretino contigo mismo y que puedas superarlo.

Una vez que nos lo hemos metido en la cabeza y nos damos cuenta de que el desorden forma parte de la fuerza, podemos empezar a trabajar en nosotros mismos, a trabajar duro y a trabajar en ello.

Mi alter ego: un yo más poderoso

Cuando estoy en el gimnasio soy yo misma, pero también soy una versión más poderosa de mí misma. Es como si tuviera un alter ego que vive en lo más profundo de mí. En el gimnasio, la adorable, dulce y tímida Nadia se convierte en Bad Nad.

Bad Nad es una versión más agresiva de mí. Es dura, poderosa y despiadada. Mi alter ego me da la fuerza y el coraje que necesito para llevarme al límite, superar el dolor y los contratiempos y seguir adelante sin preocuparme de si mi trasero se ve grande. (En serio, ¿por qué los shorts de boxeo no pueden ser más favorecedores?).

Bad Nad no encorva los hombros y arrastra los pies con la esperanza de ser invisible. Bad Nad va por el KO. Bad Nad es invencible. ¿Quién será tu poderoso yo? ¿Tiene nombre? ¿Cuáles son sus poderes?

Si quieres pasar de invisible a invencible… ¡vas a necesitar una capa! Convierte tu manta en una capa, se acabó el estar cubierto por ella. Las mantas o cobijas son tan de la temporada pasada… ¿Una capa? ¡Eso es lo que está en tendencia! ¡Un *look* fuerte!

Gracias, mantita, por mantenerme a salvo todo este tiempo. Te lo agradezco, pero es hora de que lleve una vida más poderosa.

Siempre puedes darle la vuelta a tu manta y volver a la cara afelpada cuando necesites descansar. Es bueno saber que el lado afelpado está ahí para mantenerte a salvo, pero por ahora ¡vamos a llevar nuestras capas con el lado afelpado hacia arriba!

Este es un nuevo comienzo, es el momento de dar un paso adelante, salir de las sombras y convertirte en el centro de atención de tu vida y estar a cargo de cómo experimentas la vida en lo sucesivo. Llevar tu capa te da fuerza y valor para mostrarte, para hablar y para brillar.

Desde el momento en que me pongo las vendas de boxeo, Bad Nad está presente. Los guantes, los shorts brillantes, el protector bucal… todo forma parte del ritual. Además, me veo impresionante.

Tener una señal para decirte a ti mismo que es el momento de aprovechar tu poderosa mentalidad te ayuda a entrar en la zona. Tu capa pueden ser los zapatos elegantes que te pones para una reunión, tu lápiz labial, una corbata, un collar especial, cualquier cosa que simbolice tu versión más poderosa.

> *Decidí empezar a disfrazarme y probar a llevar este «disfraz», y me di cuenta de que me ayudaba a superar un poco el miedo escénico… Es muy infantil, supongo, pero me sentí un poco invisible. Creo que vestirme para el trabajo me ayuda a concentrarme y a sentirme fuerte.*
>
> Chelsea Wolfe, música[1]

Reencuadra tus miedos

Sentir nervios significa que te preocupas. Los deportistas y los actores sienten nervios antes de actuar; eso les ayuda a elevar su rendimiento, pero ¿y si los nervios te paralizan?

¿Te has dado cuenta de que algunas de las reacciones que tenemos cuando nos sentimos tímidos son similares a las que experimenta-

[1] https://chelseawolfemusic.tumblr.com/post/61787748781/i-have-to-say-i-find-it-very-fitting-that-its.

mos cuando estamos emocionados? Corazón acelerado, sudor, dificultad para articular una frase...

La noche del combate me pongo muy nerviosa. En cuanto llego y veo el cuadrilátero y a los demás luchadores alrededor, la adrenalina empieza a fluir. Estoy a tope. Me preocupan muchas cosas: parecer tonta, tropezar, meter la pata, decepcionar a mi entrenador y hacerme daño.

Cuando sentimos estas cosas podemos etiquetarlas como que nos estamos volviendo locos, que nos estamos cagando encima o que son signos de debilidad. O podemos replantear nuestros nervios como entusiasmo.

En lugar de inquietarme por mis miedos, me digo a mí misma: mi corazón se acelera porque estoy emocionada. Me siento nerviosa porque estoy emocionada. No puedo concentrarme en mi novela barata porque estoy emocionada. Creo que me voy a hacer encima porque estoy emocionada.

Elegir un propósito

Recuerdo una vez que estaba a punto de salir al escenario ante cientos de adolescentes. Estaba ahí para hablar sobre el poder de la timidez, pero me sentía muy nerviosa, el corazón se me salía del pecho y tenía ganas de tomar mis cosas y salir corriendo por la salida más cercana.

Uno de los ponentes me vio mirando hacia la puerta, se acercó y me preguntó si estaba bien. Le expliqué que soy tímida y que estaba muy nerviosa. Me dijo: «Si no les hablas, ¿cómo vas a cambiar sus vidas?».

Y tenía razón. Si me acobardaba y no conseguía subir al escenario, el impacto que pudiera tener sería precisamente nulo. Si a una sola persona le resultaba útil lo que iba a decir, mi miedo sería insignificante. Me di cuenta de que mi propósito era dar voz a la timidez, y cada vez que me sobrepongo a mis miedos, nervios y preocupaciones estoy haciendo precisamente eso.

Cuando nos centramos en nuestro propósito, en una misión que es más grande que nosotros, podemos encontrar la fuerza para actuar. Incluso si no podemos hacerlo por nosotros mismos, hagámoslo por los demás.

¿Cuál es tu propósito? ¿Por qué es importante —para ti, para otras personas o para el mundo— que aproveches tu poderosa mentalidad y dejes a un lado tus miedos? Quizá quieras ayudar a tu familia, apoyar a tu comunidad, ayudar a los niños a construir un futuro mejor. Tal vez estés convencido de hacer las cosas de otra manera, o quieras dar a la gente la oportunidad de cambiar su vida.

Y esa razón, justo ahí, es por la que merece la pena ponerse a sudar la gota gorda.

El botón de reinicio

Imagina que estás jugando un juego de computadora. ¡Pum! Hombre caído. ¡Hombre caído! Las tripas se desparraman por todas partes. Estás muerto, ¡maldita sea! Una parte de ti probablemente quiera tirar la consola por la ventana y no volver a jugar el maldito juego, pero lo más probable es que presiones el botón de reinicio y vuelvas a empezar.

Sonó la campana que señalaba el final del segundo *round* y me dirigí a mi esquina, destrozada. Acababa de sufrir una combinación a dos puñetazos que me dejó viendo estrellas. El plan de juego se había torcido; mi oponente era un monstruo. Una parte de mí estaba dispuesta a echarse al suelo a tomar una siesta, la otra quería a su mamá.

Renunciar no era una opción, todo lo que acababa de ocurrir era cierto. Ya estaba hecho, era hora de pasar al siguiente nivel. Mi entrenador me sujetó por el hombro y me recordó que tenía poder y que, aunque me sentía cansada, aún me quedaba mucha energía. Bebí un poco de agua, regulé mi respiración y me reinicié. Me levanté y volví a salir. Vamos, campeona. Modo bestia.

No mires atrás, ni te empecines con tus decepciones, ni te enfoques en tus fallos, ni te rasques las costras de las oportunidades perdidas. Imagina que estás jugando un juego de computadora. Presiona el botón de reinicio y vuelve a empezar.

Quizá no hablaste en una reunión, o perdiste la oportunidad de hablar con alguien nuevo, o no brillaste en esa competencia, o te escabulliste del escenario. No pasa nada. Presiona el botón de reinicio y vuelve a empezar.

MISIÓN PODEROSA

¡Prueba esto para volverte de forma instantánea más poderoso!

Mi mantra poderoso.

Las palabras son poderosas. ¿Qué podrías decirte a ti mismo? Elige una frase que te diga algo, tal vez algo así:

- «Soy fuerte y valiente».
- «Puedo hacer cosas difíciles».
- «Puedo hacerlo».
- «Estoy marcando la diferencia».
- «Soy poderoso».

Elige algo e intenta repetírtelo una y otra vez, como un mantra, hazlo cuando te enfrentes a una situación difícil.

CAPÍTULO 15

PODERES EXTRAORDINARIOS

Como soy una persona muy tímida, tener que vivirlo en voz alta delante de todo el mundo me ha hecho una mujer más fuerte, tanto más fuerte, que en cierto modo ha sido un regalo para mí.

KIM BASINGER, actriz[1]

Pacific Power tenía un problema. Cuando nevaba en las montañas Cascade, en Estados Unidos, la nieve caía sobre los cables eléctricos y, al congelarse, el hielo pesaba y tensaba los cables hasta romperlos. La única solución que había encontrado la empresa era tan ridícula que me deja perpleja: enviaban a los técnicos a las montañas para que treparan a los postes helados y sacudieran los cables, a mano. Subirse a un poste helado y agarrarse a él para salvar la vida mientras se sacude un cable pesado, todo ello a la vista de grandes osos pardos hambrientos y congelados. No, gracias.

Como podrás imaginar, no era un trabajo muy solicitado. Desde el punto de vista empresarial, no solo era lento, ineficaz y arriesgado, sino también caro. Necesitaban una solución diferente. Y la necesitaban ya.

---

[1] https://thecreativemind.net/using-your-high-sensitivity-personality-as-an-actor/.

Nadie fue capaz de encontrar una respuesta, así que los responsables de la empresa decidieron hacer algo radical. Reunieron a una parte del personal al azar, incluidos contadores, directivos, júniors, técnicos y un par de secretarias, y organizaron una lluvia de ideas.

Al principio no salió muy bien. Durante un descanso, uno de los encargados de subir a los postes relató al grupo una de sus múltiples experiencias cercanas a la muerte relacionadas con osos. Quedaba claro que estar en un poste no te protegía de esos animales.

Con el espíritu de acoger todas las ideas, alguien que quizá había estado añadiendo algo a su café dijo que si a los osos les gustaba tanto subirse a los postes, tal vez podrían ser entrenados para sacudir los cables mientras estaban allí arriba. Las cosas empezaron a animarse cuando otra persona sugirió que lo único que había que hacer era ir por ahí y poner botes de miel en todos los postes. ¿En serio?

Las ideas fluían, pero no todas eran prácticas. ¿Cómo iban a colocar la miel en lo alto de los postes? Seguramente tendrían que trepar a los postes para hacerlo. ¿Y a quién se le ocurriría pasearse por ahí con tarros repletos de miel, rodeado de osos salivando?

Una de las secretarias aún no había hablado. Mujer callada y reservada, era su primera lluvia de ideas y se sentía tímida, así que se acomodó en silencio a tomar notas, pensando. Cerró los ojos e intentó respirar, dejando fluir sus pensamientos e ideas.

Otro de los empleados encargado de subir a los postes, claramente enojado con todo el proceso de la lluvia de ideas (aunque quizá disfrutando del café y las galletas y de estar en un lugar caliente), dijo: «¿Ubican todos esos helicópteros lujosos en los que vuelan siempre esos gordos de la oficina? ¿Por qué no usamos uno de esos y volamos de polo a polo colocando los tarros de miel encima justo después de una tormenta de hielo? Así la miel estará allí cuando la necesitemos y, además, a esos ejecutivos gordos les sentará bien caminar para estirar las piernas».

Todos se rieron, pero seguía sin haber soluciones útiles.

Ding. La secretaria tuvo una idea, pero no estaba segura de si debía decir algo. Imagino que empezó a moverse en su asiento (como cuando se tiene una buena idea). Tal vez la persona que estaba a su lado se preguntó por qué estaba tan inquieta y luego la tranquilizó diciéndole que, francamente, su idea no podía ser más descabellada que la de unos osos trepando por postes en busca de tarros de miel.

En ese momento quizá se rio un poco para sus adentros y se relajó, sabía que estaba en un espacio seguro donde ninguna idea sería ridiculizada, y se sintió segura y apoyada. Respiró hondo y dijo: «Fui auxiliar de enfermería en Vietnam y vi a muchos soldados heridos llegar al hospital de campaña en helicóptero. La onda descendente de las hélices del helicóptero era impresionante, el polvo volaba por todas partes, era casi cegador. Me pregunto, si volamos con el helicóptero por encima de las líneas eléctricas a baja altitud, ¿será suficiente la onda descendente de las hélices para sacudir los cables y desprender el hielo?».

Silencio. Nadie dijo nada. Todo el mundo estaba pensando; el crujido de los engranajes mentales era casi audible. ¡Podría funcionar! La persona más silenciosa de la sala había dado con la solución, una solución sencilla pero eficaz que salvaría muchas vidas y montañas de dinero. Era revolucionario.

Hoy en día todo lo que tiene que hacer Pacific Power cuando la nieve cae en cascada sobre las montañas es volar helicópteros a baja altura sobre los cables, y el viento que crean despeja la nieve y el hielo. Nadie necesita jugar a los dados con la muerte ni trepar por postes helados. A nadie se le congelan los dedos de las manos ni de los pies y no hay osos de por medio.

¿Lo ves? La gente tímida tiene poderes.[2]

---

[2] http://dtinblack.github.io/creative-solutions/.

Cambiemos la historia de la timidez

Si puedo ver mi timidez como un atributo y no como una desventaja, entonces puedo dejarla de lado y hacer grandes cosas.

OLLIE

La narrativa tradicional sobre la timidez es que se trata de una prisión. Es difícil, nos arruina la vida y nos mantiene cautivos.

Y es cierto que todos sabemos que a veces la timidez puede hacernos sentir como si estuviéramos controlados por ese acosador que ha cerrado la puerta con llave y tiene su mano sudorosa firmemente colocada sobre nuestra boca. La timidez nos impide socializar, decir lo que pensamos y que nos vean, y a menudo tenemos la sensación de que limita nuestras posibilidades, nuestro potencial y nuestro futuro.

Nunca minimizaría lo innegablemente difícil que es la vida tímida. Ser tímido es bastante jodido a veces; sin embargo, creo que hay algunos aspectos positivos.

Siempre siento que tengo que compensar el hecho de ser callado siendo más listo o mejor en algo que los demás. Me encanta la idea de poder sorprender a la gente con algún talento o conocimiento que podrían suponer que no tengo porque no alardeo de ello en voz alta en la sala de descanso.

THEO

Antes de escribir este libro nunca había pensado en la timidez como una fortaleza, pero una vez que empecé a investigar, me sorprendió que cambiar la forma en que vemos la timidez es realmente útil. Dado que todos nos hemos comprometido a aceptar nuestra timidez y a tratar de adueñarnos de ella, sería más fácil hacerlo si tuviera cosas buenas. Nadie quiere aceptar algo que apesta.

Me gusta la forma en que lo expresa Joe Moran en su libro *Shrinking Violets*:[3] «He decidido, como dicen los desarrolladores de software, que ser tímido es una característica, no un error».

Me gusta la idea de que las personas tímidas tenemos fuerzas secretas que mantenemos en reserva y liberamos cuando llega el momento. Entonces podemos conquistar el mundo sin hacer ruido, de hecho, sin que nadie se dé cuenta hasta que sea demasiado tarde. Muah, ja, ja.

En algunas culturas la timidez es una fortaleza

¿Y si la timidez fuera el ideal? En algunas culturas, la timidez se considera una bendición. En Japón, por ejemplo, donde 57% de la gente es tímida, se cree que las personas tímidas son modestas, introspectivas, accesibles y saben escuchar.

La cultura japonesa no celebra el parloteo. En el espíritu de los guerreros samuráis, la calma, la reflexión silenciosa y el pensamiento profundo se tienen en gran estima. En el folclor japonés los héroes utilizan a veces *Ishin-denshin*, un método silencioso de comunicación, algo así como «la Fuerza».

Haya es una palabra árabe que significa «timidez natural o inherente y sentido de la modestia». En la cultura islámica, la timidez se considera una cualidad esencial, una rama de la fe y algo a lo que aspirar.[4]

En Suecia, escuchar está relacionado con la profundidad de pensamiento, la modestia y la humildad. Escuchar, más que hablar, se considera un signo de buena capacidad de comunicación. El silencio es una fortaleza y la gente piensa cuidadosamente, elige sus palabras con precisión antes de abrir la boca. Los que hablan demasiado, o

---

[3] Joe Moran, *Shrinking Violets*, Profile Books, 2016, p. 237.

[4] www.arabnews.com/node/321425.

hablan por hablar, se consideran poco fiables y, si alguna vez has visto a los suecos esperando el autobús o el tren, queda claro que no les gusta invadir el espacio personal de los demás. Definitivamente, no necesitaron de la pandemia para iniciar con el distanciamiento social.

Si estas personas han descubierto que la timidez tiene sus ventajas, quizá estén en lo cierto. Profundicemos un poco más y veamos qué fortalezas y habilidades podemos descubrir buscando en el interior de nuestro yo tímido.

Somos humildes

Mírame, ¡soy maravilloso! ¿Ya te hablé de mis innumerables logros? ¿Ya te hablé de mi Instagram y de las deslumbrantes fotos que tengo en bikini presumiendo mi cuerpo y un estilo de vida perfecto?

No, claro que no. Porque la gente tímida es humilde, no hablamos de lo fascinantes o maravillosos que somos.

> *Estoy en una edad madura y me siento cómodo con mi forma de ser, pero cuando era más joven me resultaba muy embarazoso. Creo que eso me frenó en el trabajo, cuando necesitas causar una buena impresión. Era muy consciente de que se daba por hecho que las personas más llamativas tenían más talento o eran más inteligentes. Luego pasé a desempeñar un puesto que exigía pensar a profundidad más que hablar de forma ostentosa, y sentí que ahora sí era yo.*
>
> LEE

Francamente, somos bastante malos aceptando cumplidos e inútiles presumiendo porque somos modestos, lo cual, supongo, suena un poco presumido, ¿no? No perdemos el tiempo agrandándonos ni jugando, somos reservados. En esencia, no somos unos imbéciles y es probable que por eso tendemos a no considerar nuestra timidez como algo positivo.

Pensamos a profundidad

Stephen Hawking sabía de lo que hablaba cuando dijo: «Las personas calladas tienen las mentes más ruidosas». Fluye un torrente de pensamientos en nuestro cerebro tímido. No es de extrañar, dado el tiempo que pasamos ensimismados.

> *Ser callado no significa tener menos conocimientos o ser menos hábil. Los callados crean y analizan miles de ideas en su mente mientras escuchan. He visto a muchas personas guardar silencio en una reunión, pero transformar toda la conversación de forma constructiva con una sola afirmación en cinco segundos.*
>
> COLIN

Podríamos decir que pensamos demasiado, que le damos vueltas en nuestra cabeza a un asunto, pensando y preocupándonos, pero no todo son pensamientos negativos, también discurrimos, planificamos, imaginamos, resolvemos, extrapolamos, prevemos y, en general, reflexionamos. Si hiciéramos pesas, ejercitando las neuronas y las sinapsis en el gimnasio del cerebro, estaríamos en excelente forma.

> *Ni* E = mc^2 *ni* El paraíso perdido *fueron escritos por un juerguista.*
>
> WINIFRED GALLAGHER, periodista científica

Tanto rumiar y cavilar significa que reflexionamos profundamente, que sopesamos las cosas, que tenemos una gran imaginación y muchas ideas dando vueltas en la cabeza. Contamos con un tesoro repleto de ideas, sabiduría, soluciones, perspicacia y oro, esperando a ser descubierto. Cuando nos sentimos seguros para hablar, merece la pena escucharnos, por eso somos el potencial silencioso.

Somos creativos

Cézanne era tímido, Alan Bennet era tímido, Dirk Bogarde era tímido, L. S. Lowry era tímido, Françoise Hardy era tímida, Agatha Christie era tímida, Lady Gaga es tímida, Jarvis Cocker es tímido, Beyoncé es tímida. Las personas tímidas son creativas e innovadoras. Estamos inspiradas.

De adolescente, J. K. Rowling era increíblemente tímida. Su timidez e inseguridad empeoraron por el acoso implacable. El hecho de que la llamaran «Rowling Pin» y de que la empujaran y atacaran con regularidad la dejó hecha polvo, por lo que se inhibió y se volvió más reservada. Para sobrellevar su aislamiento y soledad, aprendió a disfrutar del tiempo a solas y se pasaba horas leyendo y conjurando historias y personajes.

Ya de adulta, continuó habitando en su imaginación llena de maravillas. Y entonces, un día viajaba en un tren que, al más puro estilo del transporte británico, se quedó parado durante cuatro largas, tediosas e interminables horas. Mirando por la ventanilla el paisaje desolador, dio rienda suelta a sus pensamientos, hasta que la semilla de una idea empezó a burbujear, a acelerarse y a filtrarse. Joanne tenía algo especial, estaba segura.

Tenía que escribirlo antes de que su idea se desvaneciera en un susurro de humo, pero se le había olvidado la pluma, ¡maldita sea!

> *Para mi inmensa frustración, no tenía una pluma que funcionara y era demasiado tímida para pedirle a alguien que me prestara una. Simplemente me senté a pensar du-*

rante cuatro horas (por el retraso del tren), mientras todos los detalles bullían en mi cerebro...

J. K. ROWLING, autora[5]

Sí, es mucho, pero me gusta pensar que la timidez es un don. Estamos en una posición única para procesar más datos que la mayoría de la gente. Además, apreciamos los pequeños detalles que nos hacen felices; disfrutamos de las pequeñas cosas que la mayoría de la gente pasaría por alto o daría por hecho.

Nacimos para escribir

¿Sabías que la poetisa Emily Dickinson era tan tímida que hablaba con las visitas desde detrás de una puerta? También le habría funcionado ponerse una bolsa de papel sobre la cabeza. ¿Y que Agatha Christie fue elegida presidenta del Club de Detectives, pero solo aceptó con la condición de no tener que hablar nunca en público?

Puede que no nos guste hablar en público, ni las entrevistas, ni las presentaciones de libros, ni las fiestas de lanzamiento, pero los tímidos hemos nacido para escribir.

Cuando manifestar nuestras ideas es un reto, expresarnos a través de las palabras en una página es un regalo. Escribir nos da permiso para rebuscar en las arcas de ideas y pensamientos almacenados en nuestra mente. Nos permite tomarnos nuestro tiempo para pensar, perfeccionar nuestras frases, reflexionar, morder un lápiz, borrar cosas, repasar y revisar, antes de decidir finalmente compartir o no nuestro trabajo al mundo.

Cuando escribimos, no hay presión por hacer las cosas bien a la primera, ya que cada palabra puede elegirse con cuidado, cada frase puede construirse con esmero. Podemos investigar, planificar, retocar

[5] https://highlysensitive.org/resources-introverts-highly-sensitive-people/.

y pulir hasta la saciedad. Nuestro amor por la profundidad y el detalle, la descripción y la observación se adapta de forma perfecta a la palabra escrita. La escritura nos da voz.

Somos escuchas destacados

> *No te apresures a hablar… Escucha un rato antes de hacerlo. Juego avanzado.*
>
> Ice T, rapero

Entre los líderes de opinión está de moda la idea de que la sociedad debe hablar menos y hacer más. Qué radical. Lo siento, pero me parece muy divertido porque los tímidos siempre hemos hecho eso.

> *Yo escucho bien y de verdad. Escucho también entre líneas, entendiendo lo que la gente realmente quiere decir, no solo lo que dicen. Creo que es una habilidad rara y muy valiosa.*
>
> Stuart

Escuchar parece haber pasado de moda. Hay tanta palabrería en el ambiente. Dondequiera que vayamos, la gente habla por hablar, tratando de imponerse en la conversación. Hay una epidemia de diarrea verbal, y cuando la gente no se calla, no escucha ni piensa. Y cuando todo el mundo habla, nadie escucha, solo hay ruido.

> *Cuando empecé a dar clases hace unos años, pensé que tenía que ser grande, carismática y asombrosa para tener éxito, pero enseguida me di cuenta de que la enseñanza necesita silencio, quietud y es mucho más eficaz cuando escucho de verdad y doy voz a las personas que tengo frente a mí.*
>
> Bea

De hecho, tengo una amiga que no escucha ni una palabra de lo que digo, creo que la última vez que me escuchó fue en 2003. Sin embargo, escuchar es lo que crea una conversación; es lo que crea conexiones.

Ponerse un calcetín en la boca y tomarse un momento para escuchar es inteligente. Hablar y vacilar sin parar tiene que ver con el ego y con presumir. Cuando escuchamos aprendemos y nos damos cuenta de cosas que los demás pasan por alto. Cuando hablamos expulsamos sonidos; es lo contrario de absorber, es expulsar, y puede mostrar falta de moderación.

> *Ahora mismo hay demasiado ruido en nuestro mundo. Es importante tomarse tiempo para reiniciar, respirar, meditar y aprender a escuchar correctamente. Las personas más tranquilas y menos seguras de sí mismas somos excelentes oyentes.*
>
> NORAH

Las personas tímidas somos buenos líderes y directivos, terapeutas y consejeros porque escuchamos lo que nos dicen los demás, dejamos que los demás hablen, prestamos atención a sus necesidades, los animamos, pensamos en lo que han dicho, aprendemos y respondemos.

Puede que no seamos los más ruidosos, los que demos más órdenes o los más dominantes del equipo, pero somos importantes. Como hemos visto antes, está demostrado que los equipos en los que hay una combinación de personalidades rinden más, equipos con diversidad cognitiva. Eso significa que nosotros también, que nuestras voces importan.

> *Soy menos extrovertida por naturaleza que la mayoría de los vendedores y he trabajado en muchos ambientes en los que me hacían sentir incómoda por no ser «ruidosa». Pero los mejores vendedores son siempre los que mejor saben escuchar. También he trabajado con «líderes» de ventas, quienes pensaban que hablar mucho significaba*

que tenían el control, cuando en realidad probablemente tenían menos confianza en sí mismos y menos control que el callado de la esquina.

AUDREY

Somos precavidos

Las personas tímidas no son de las que echan las campanas al vuelo. No nos precipitamos agitando las armas. Nos gusta prepararnos para cualquier eventualidad, nos tomamos un momento para sopesar los riesgos, escuchar diferentes puntos de vista y luego decidimos una línea de acción bien meditada y planificada. Preferimos hacer una pausa, planificar y poner en una balanza los pros y los contras antes de lanzarnos.

La timidez te impide precipitarte. Un aspecto positivo de ser precavido es que evalúas antes de actuar. Creo que soy más consciente de los sentimientos de los demás y más intuitiva gracias a ello, y quizá una persona más empática en general. No estoy segura de que el mundo valore estos rasgos tanto como la extroversión.

CHLOE

Si una manada de ñus se dirigiera hacia nosotros, nos esconderíamos en una cueva y pensaríamos en un plan; no tomaríamos una decisión precipitada o haríamos una tontería, y tampoco nos pondríamos —o pondríamos a otros— en peligro de acabar siendo pisoteados. Tenemos capacidad de supervivencia.

Por lo tanto, en términos darwinianos, tenemos una ventaja evolutiva. Quizá el rasgo de la timidez haya sobrevivido de buena manera porque es menos probable que nos devoren los leones o que nos pisoteen las fieras, y porque una forma de mantenerse caliente bajo las mantas dentro de la cueva es trabajar para reproducirse.

Tener cuidado con las bestias peludas y los malos de las tribus vecinas es bueno. Estar dispuesto a luchar te mata. Esconderte en la cueva, cuidar de la gente, construir trampas explosivas o encontrar formas divertidas de mantenerte caliente es una mejor idea.

Conseguimos lo que queremos

Hablar menos significa hacer más. Los tímidos damos prioridad a la acción sobre la palabrería. Seguro que todos conocemos a personas llenas de planes, pero que nunca ponen en práctica sus ideas. Conocemos sus propuestas porque nos las cuentan con lujo de detalles, sin parar.

> *He conocido a muchas personas en puestos directivos que son ruidosas y descaradas. A menudo ese es el único atributo que las ha llevado a ese puesto. A mí me enseñaron a observar, escuchar y aprender, y he utilizado muy bien ese enfoque a lo largo de mi carrera. Si te acostumbras a cumplir con lo que te comprometes, destacarás por tus méritos, no por el volumen de tu voz.*
>
> WILLIAM

Las palabras no significan nada sin acción y ejecución, y ahí es donde destacamos los tímidos. No necesitamos rodearnos de una gran máquina de relaciones públicas que hable de nuestros logros. El mundo necesita hacedores.

> *En el trabajo me conocen como la segunda directora porque consigo que se hagan las cosas. Así que si alguien quiere que se haga algo, suele acudir a mí.*
>
> JANE

Nos tomamos tiempo para pensar las cosas, investigamos, trabajamos duro y hacemos las tareas bien, con un alto nivel de calidad.

Somos diligentes, fiables y hacemos un buen trabajo. No nos pasamos el día platicando en el refrigerador, agachamos la cabeza y nos ponemos manos a la obra, ¡a trabajar!

Somos leales

Es posible que nos cueste trabajo cortejar a alguien por medio de movimientos de baile extravagantes, besuquearnos con una persona al azar en un bar o incluso acercarnos y hablar con quien nos llama la atención, pero una vez que hemos conseguido conocer a alguien o hacer amigos, mantenemos la amistad.

El hecho de que nos cueste conocer a la gente significa que no tiramos nuestra amistad como si fuera confeti. Nuestros amigos son valiosos e importantes para nosotros. Puede que no tengamos cientos de ellos ni formemos parte de un grupo numeroso, pero los amigos que tenemos son fraternales, los lazos son profundos, los apreciamos y los mantenemos cerca de nosotros, para toda la vida.

Hacemos que la gente se sienta cómoda

No damos miedo ni somos agresivos con la gente, parecemos accesibles y somos empáticos.

Los tímidos son sensibles a los sentimientos de los demás. Muchos de nosotros, los tímidos, somos también personas altamente sensibles, también conocidas como PAS (persona altamente sensible). Es claro que comprender a nuestros semejantes es algo bueno.

> *Mi tranquilidad me hace poderoso porque siento que soy accesible y cálido para mucha gente que podría sentirse superada por alguien que es ruidoso y extrovertido.*
>
> GORAN

Pasamos mucho tiempo preguntándonos por los sentimientos de los demás. ¿Les caemos bien? ¿Somos aceptables? ¿Encajaremos? Todo este discurrir y ser empático implica que estamos pensando en lo que los demás piensan, y en cómo sintonizan sus emociones. Por lo tanto, podemos concluir, de forma científica, que no somos unos completos cretinos.

> *Una vez alguien me pidió que fuera a casa de sus padres y hablara con ellos, para «tantear el terreno». Me dijo que me lo pedía porque pensaba que su madre me escucharía y se abriría conmigo por mi forma tranquila de ser.*
>
> PAUL

Como prefieres que la atención se enfoque en los demás y te preocupas por ellos, eres brillante ayudando y apoyando a otros. A los demás les encantará la atención que les prestas, el hecho de que seas sensible a sus sentimientos, de que te importe lo que piensan, de que escuches lo que dicen y de que quieras gustarles. Ok, algo de esto viene de nuestra necesidad de agradar a los demás, pero, por otro lado, en múltiples situaciones, ser capaz de llevarse bien con los demás y ocuparse de ellos es algo bueno.

> *Me di cuenta de que soy poderosa cuando asesoro a voluntarios. Se trata de personas incapacitadas para trabajar, o ancianos. Los orientaba y cuidaba como a iguales, de forma amistosa y profesional. Fui poderosa porque fui amable, empática y acogedora.*
>
> TINA

Somos líderes poderosos

En junio de 2020, el tímido y tranquilo futbolista del Manchester United, Marcus Rashford, un jugador con talento en el campo, se convirtió en un factor de cambio fuera del terreno de juego.

En una época en la que podría haberse quedado en casa, recuperándose de una doble fractura por estrés en la espalda y protegiéndose del COVID-19, este joven de 23 años de voz suave trabajó incansablemente en apoyo de las familias que dependían de las comidas escolares gratuitas.

Cuando Boris Johnson anunció que estas comidas gratuitas, un salvavidas para muchas familias, se suspenderían durante las vacaciones de verano, Rashford escribió al primer ministro pidiéndole que reconsiderara su decisión. Suplicó al gobierno que cambiara su dictamen. «Se trata de humanidad», escribió. «Mirarnos en el espejo y sentir que hemos hecho todo lo posible para proteger a quienes, por cualquier motivo o circunstancia, no pueden protegerse a sí mismos».

Explicó que él mismo había crecido en una situación difícil y tenía experiencia personal en comedores sociales y bancos de alimentos, y cuando el gobierno se negó a escuchar, Rashford actuó con rapidez para dar voz a estas familias en apuros. Emprendió una misión personal para persuadir al gobierno, de mente estrecha, de que ampliara las comidas escolares gratuitas durante la pandemia para garantizar que ningún niño pasara hambre. No gritó ni vociferó. No hubo fanfarrias ni campaña de relaciones públicas, simplemente defendió algo en lo que creía y siguió trabajando y presionando hasta conseguirlo. Tenía una visión poderosa basada en su experiencia personal, y el deseo de evitar que ningún niño tuviera que pasar por el hambre y la pobreza que él padeció. Esto lo impulsó y le dio la fuerza que necesitaba para enfrentarse a cínicos y críticos.

Cuando la prensa intentó socavar su campaña y acusarlo de una actitud hipócrita, Rashford se mantuvo firme. Estaba tranquilo y solemne.

No debería haber sido un futbolista de 23 años el que hiciera que el gobierno se ocupara de sus niños más pobres durante una pandemia, pero menos mal que estaba allí para que asumieran sus responsabilidades.

Poder tímido justo ahí. Marcus Rashford no gritó ni chilló, defendió lo que era correcto y lo que importaba, en silencio y con dignidad. Cuando la reina le concedió la MBE (Member of the Order of the British Empire) en 2021, el futbolista se la dio a su madre. ¡Qué buen chico!

Somos duros como piedras

> *La timidez implica navegar por un mundo que no se construyó pensando en nosotros. Esto hace que me sienta adaptable y abierto al cambio en todos los aspectos de mi vida. Con la timidez también hay un crecimiento sin fin y muchas pequeñas victorias que otros pueden dar por sentadas.*
>
> LEVI

El hecho de que ser tímido tenga sus retos significa que probablemente has tenido que esforzarte más para realizar ciertas tareas que a otras personas les resultan fáciles. Todas estas cosas requieren valor y esfuerzo cuando eres una persona tímida. Aunque los retos a los que te enfrentas pueden ser jodidamente molestos, también significa que puedes hacer frente a todo lo que la vida te depare. ¡Eres muy fuerte!

> *Yo fui una niña a la que acosaban y ahora soy ingeniera de software sénior. He recorrido un largo camino y he superado muchos retos. Aunque no lo parezca, soy fuerte, tenaz y decidida.*
>
> ANNA

Camila Cabello es una estrella del pop, ha vendido millones de discos y ha brillado en los escenarios más importantes. Camila es también una persona tímida que, durante muchos años, estuvo por completo bloqueada por su timidez. De niña, Karla —como se le conocía entonces— se sentía incapacitada para cantar delante de la gente. En casa era capaz de cantar a lo Beyoncé en el sótano, pero cuando tenía que hacerlo para sus papás, se echaba a llorar, y cuando intentaba presentarse en el coro de la escuela los nervios se apoderaban de ella y olvidaba la letra.

Pero esta niña no se dejaba vencer, estaba decidida a encontrar la manera de expresarse por medio de su voz. Cuando por fin llegó el gran momento de la audición ante miles de personas, se presentó como Camila. De improviso, creó un alter ego más seguro de sí misma, una versión poderosa.

A diferencia de Karla, Camila no era tímida ni estaba nerviosa, y cuando empezó a cantar, se olvidó de sus miedos y volvió a enamorarse del canto.

Desde ese momento, Camila no ha vuelto la vista atrás. Ha trabajado y trabajado y trabajado y se ha hecho famosa, no solo por su forma de cantar, sino también por sus especiales dotes de compositora. Parece que su timidez le ha ayudado a manifestar poderes extraordinarios.

> *La timidez te obliga a enfrentarte a las situaciones. Puede dar miedo, pero la sensación de conseguir algo es increíble.*
>
> ISABELLA

Llevamos la magia dentro

> *Para mí era muy natural querer desaparecer en la oscuridad del teatro. Soy realmente muy tímida. Es algo que la gente nunca llega a comprender del todo, porque cuando eres actor se supone que eres un tanto exhibicionista.*
>
> NICOLE KIDMAN, actriz

Gracias al movimiento de positividad corporal, la sociedad está empezando a celebrar la belleza de la diferencia en nuestro cuerpo. Sin embargo, cuando se trata de lo que ocurre dentro de nuestra cabeza —nuestras preferencias cognitivas y personalidades—, estamos destinados a conformarnos.

Ser tímido no significa ser un extrovertido fracasado. Igual que las naranjas no son la única fruta, los extrovertidos no son el único tipo de personalidad. Y además no son los únicos con habilidades.

> *Soy imaginativa y creativa. Es un don. Me preocupo más que los demás, veo más que el resto. He aceptado esta faceta. Esto es lo que soy. Me quiero.*
>
> AURORA

Tenemos habilidades a pesar de nuestra timidez y —redoble de tambores— tenemos habilidades *gracias* a nuestra timidez. Hay magia dentro de nosotros.

MISIÓN PODEROSA

¡Prueba esto para volverte de forma instantánea más poderoso!

- Haz una lista de tus poderes: las habilidades y fortalezas que tienes porque eres una persona tímida.

CAPÍTULO 16

MÚSCULOS PODEROSOS

Por encima de todo, sé la heroína de tu vida, no la víctima.

NORA EPHRON, escritora y periodista

Pandamonio

Me encantan los pandas. Son adorables y mimosos y saben lo impactante que es un atuendo monocromático. Admiro lo tranquilos que son y el hecho de que puedan orinar encima de un árbol en posición de firmes, sin mancharse. Muy impresionante.

Estos peludos son el epítome de alto mantenimiento, pues necesitan comer cerca de 22 kg de bambú al día solo para sobrevivir. ¡Eso es un montón de bambú! Y pueden pasar 14 horas al día sentados atiborrando sus caras peludas. No está mal.

Los pandas son muy específicos, les gusta lo que conocen, y saben lo que les gusta. Nos tienen a los humanos corriendo detrás de ellos, cumpliendo cada uno de sus caprichos.

Me gustaría parecerme más a un panda (quitando la parte de estar en peligro de extinción y de ser demasiado flojo para tener sexo). Me gustaría ser específico y quisquilloso y dar pisotones para conseguir lo que quiero.

No está hecho para nosotros

> *En el país en el que crecí y pasé gran parte de mi carrera, estar callado sigue considerándose una debilidad, una excusa para los que no están bien preparados. O peor aún, una razón para que se metan contigo. El más ruidoso gana en nuestros caminos y en nuestras salas de juntas. La verdad es que esta cultura prevalece en gran parte del mundo en desarrollo y no va a cambiar pronto.*
>
> MALIK

Los tímidos vivimos en un mundo que no está hecho para nosotros porque no lo está. Nuestra voz está ausente de la conversación, no estamos sentados a la mesa y, a menudo, ni siquiera estamos en la sala, simplemente estamos merodeando fuera. Como resultado, acabamos existiendo en una sociedad extrovertida que ha sido diseñada por un grupo de arquitectos del mundo ruidosos, gregarios, extrovertidos y con predilección por presumir.

Desde el momento en que entramos en el sistema educativo, luchamos por encontrar una voz, y esto continúa a lo largo de nuestra vida.

> *Yo tengo problemas en el salón porque todos los que hablan alto siempre le hacen preguntas al profesor y me da miedo preguntarle algo porque los que hablan alto le quitan todo su tiempo. Me gustaría que todo el mundo estuviera callado, haciendo su trabajo en lugar de hablar.*
>
> BRIELLE

Si quieres brillar en la escuela, más vale que se te dé bien hablar delante de la clase. Si quieres dedicarte profesionalmente al deporte, será mejor que te acostumbres a los medios de comunicación.

Si no nos sentimos cómodos hablando delante de una multitud, agrandándonos y elevando nuestro perfil, parece que vamos a vacilar y fracasar. La extroversión está incorporada a todo; es la base, los ladrillos y el cemento de nuestra sociedad. Es irritante, ¿verdad? Ojalá las cosas fueran más fáciles, más adaptadas a nuestra forma de pensar y de ser.

> *La sociedad no está diseñada para voces pequeñas. La gente ruidosa que no sabe escuchar es la norma. Creo que un replanteamiento general de la sociedad para valorar la amabilidad, la calma y el respeto ayudaría, ¡pero eso es mucho pedir!*
>
> ALEX

No estamos siendo muy panda, ¿cierto? ¿Y sabes qué empeora toda esta situación? No solo vivimos en un mundo en el que no encajamos, sino que además le hemos cedido el control a un acosador, nuestra timidez.

Hemos permitido que nuestra timidez dicte cómo pasamos el tiempo, con quién y cuándo hablamos, así como las palabras que decimos. Nuestra timidez ha silenciado nuestro potencial.

¿A dónde te fuiste?

Durante mucho tiempo hice lo que los demás querían. No me molestaba en discutir, defender mis opiniones o tener una gran discusión, así que me limitaba a callar. Visitaba a gente que no quería ver. Me obligaba a realizar actividades que no quería, ir a sitios que no me gustaban, comer cosas que no me apetecían, aceptar situaciones con las que no estaba de acuerdo, mantener mi boca y mis sentimientos cerrados. Y asentir, como uno de esos perros de juguete que la gente tiene en sus coches.

Dejar de lado tus necesidades, ceder el control y dejarte llevar es más fácil que expresar tus deseos. Es más fácil que mantener una conversación o defenderte.

Hasta que no lo es. Hasta que empiezas a sentirte muy mal, cuando te das cuenta de que ya no sabes lo que quieres. No quiero parecer una reina del drama, pero un día me di cuenta de que no tenía ni idea de lo que realmente me gustaba o quería. Me había acostumbrado tanto a no usar mi voz que la había perdido. En algún momento me había perdido a mí misma.

Úsala o piérdela, como se suele decir.

Ser más jefe

En la película *El descanso* (que he visto unas 400 veces), Arthur Abbot, un célebre guionista, le dice a su nueva vecina: «Iris, en las películas tenemos al protagonista y al mejor amigo. Sé que tú eres una actriz principal, pero lo que no entiendo es por qué te comportas como la mejor amiga».

Ella responde: «Tienes mucha razón. Se supone que tienes que ser la protagonista de tu propia vida, ¡por el amor de Dios!».

¡Basta, timidez! Es hora de cambiar. Es momento de dar un paso adelante hacia la luz y retomar el control de nuestra vida. Vamos a recuperar nuestro poder. Es un golpe de Estado. Un golpe muy silencioso.

¿Quién dice que las cosas tienen que hacerse como se hacen? ¿Quién dice que el otro 50% de la población puede dominarnos y mangonearnos? ¿Quién dice que solo pueden opinar los que más gritan? ¿Quién dice que solo los más extrovertidos pueden decidir cómo se hacen las cosas?

En lugar de permitir que nos pasen cosas o de intentar encajar con los demás, en lugar de ser víctimas de nuestras circunstancias, pensemos en lo que necesitamos y en lo que nos funciona.

Y luego, creémoslo, no dejemos que la gente hable por encima de nosotros, por nosotros y en lugar de nosotros. No más ser pasados por alto y subestimados. Podemos dar forma al mundo que nos rodea; podemos crear las condiciones que funcionen para nosotros.

No tenemos que conformarnos con esta forma de vida ruidosa que nos aplasta y silencia. Somos poderosos, valientes y únicos. Podemos hacerlo.

Tu momento poderoso

En el verano de 2012, Lawrence Okolie, tímido, acosado y con sobrepeso, trabajaba en un McDonald's soñando con una vida mejor.

En un receso para comer hamburguesas, Lawrence se instaló en una pequeña y desvencijada silla de la sala de descanso y encendió la televisión. Empezaban las Olimpiadas. Dio la casualidad de que, justo en ese momento, Anthony Joshua boxeaba por la medalla de oro.

Los puños volaban. Fue un combate reñido. Lawrence se inclinó hacia delante, cautivado, viviendo cada resbalón, giró y puñeteó como si estuviera allí mismo, en ese cuadrilátero.

Cuando AJ levantó los brazos, victorioso, una ola de esperanza recorrió Londres y envolvió a Lawrence Okolie. Fue la fracción de segundo que cambiaría el curso de su vida para siempre: el momento en que eligió un camino diferente, más atrevido. Su instante poderoso. Decidió que dentro de cuatro años participaría en los Juegos Olímpicos de 2016 a pesar de que no era boxeador, a pesar de su sobrepeso y a pesar del hecho de que no tenía ni idea de cómo llegar allí. Hablando de un gran objetivo.

Todos tenemos el poder de avanzar. No estamos congelados en un bloque de hielo ni instalados al estilo mafioso en un piso de concreto. Si queremos hacer un cambio, podemos hacerlo. Es tan sencillo como eso.

> *Si te dices a ti mismo que no tienes nada de especial, como si eso fuera una razón para no hacer nada con tu vida, déjame decirte que nadie es especial. Todos tenemos el poder dentro de nosotros mismos para empujar y hacer grandes cosas, solo tienes que sacar esa ambición.*

> *Puede que pienses que no tienes la capacidad o el empuje para hacer algo con tu vida, pero tal vez sea porque nunca lo has intentado.*
>
> Lawrence Okolie, boxeador

Todo se reduce a una decisión: ¿quieres progresar o quieres quedarte exactamente donde estás ahora? Decisión tomada.

Lawrence decidió cambiar de vida. Y lo hizo, en solo cuatro años llegó a los Juegos Olímpicos y ahora es un boxeador profesional que vence rivales y gana cinturones, además de autor, rapero y empresario.

Deja que este momento, aquí y ahora, sea tu momento AJ en las Olimpiadas, el momento que te cambie la vida, la historia que les contarás a tus nietos, el momento en el que decidiste pasar de invisible a invencible. Tu momento poderoso.

A lo grande o a casa

El novelista estadounidense Jonathan Safran Foer escribió: «La timidez es cuando apartas la cabeza de algo que quieres. Vergüenza es cuando apartas la cabeza de algo que no quieres». Cuando somos tímidos, nos alejamos de lo que queremos, no nos acostumbramos a tener un objetivo y a perseguirlo.

Tenemos grandes sueños que se expanden con esperanza y optimismo. Los sueños nos llenan de energía y dan sentido y dirección a nuestra vida. Si sabemos lo que deseamos, podemos intentar obtenerlo. A veces, sin embargo, nuestra timidez nos impide pasar a la acción, nos hace sentir atrapados y ni siquiera nos damos permiso para soñar. Quizá nos parezca infantil o indulgente, o tal vez sentimos que no somos capaces de lograr grandes cosas.

Nuestra timidez es como un molesto pinchazo que hace que los grandes globos de nuestros sueños se desinflen y se decoloren, hasta que terminan desdibujados y derrotados en el suelo.

No dejes que la timidez desinfle tus sueños, tus objetivos y deseos importan, son vitales y significativos.

Sé audaz en tus aspiraciones. Cierra los ojos un momento y deja que tu mente divague: ¿qué quieres hacer dentro de cinco o 10 años? ¿Cómo será tu vida? ¿De quién quieres rodearte? ¿Cómo quieres pasar tus días? ¿Cómo te sentirás cuando estés allí? Tómate tu tiempo y deja que las imágenes se formen en tu mente.

Ahora abre los ojos y recuerda lo que viste. No importa lo ambicioso, emocionante o inusual que sea, puedes hacerlo, *y lo harás*. Es tan sencillo como eso.

Comprométete

El tímido actor Jim Carrey estaba arruinado, pero no se conformó con luchar por conseguir un trabajo, sino que se propuso ganar 10 millones de dólares. Se comprometió y se firmó un cheque.

> *Me hice un cheque de 10 millones de dólares por «servicios de interpretación prestados» y me di cinco años... o tres, quizá. Lo feché para el día de Acción de Gracias de 1995, lo metí en mi cartera, lo guardé allí y se deterioró, pero entonces, justo antes del Día de Acción de Gracias de 1995, me enteré de que iba a ganar 10 millones de dólares con* Una pareja de idiotas.
>
> JIM CARREY, actor[1]

En cuanto Lawrence Okolie tomó la decisión de convertirse en boxeador, empezó a hablar de ello como si fuera una certeza. Exponer su visión en el mundo real lo mantuvo enfocado y responsable

---

[1] www.cheatsheet.com/entertainment/why-jim-carrey-wrote-himself-a-10-million-check-before-he-was-famous.html/.

consigo mismo y con su sueño. El hecho de que la gente supiera por lo que estaba trabajando significaba que, si realmente se preocupaban por él, lo animarían, apoyarían y alentarían en su viaje. Además, era más probable que entendieran cuando tenía que entrenar, acostarse temprano, comer cantidades locas de proteínas y, ejem, abstenerse de tener relaciones sexuales antes de una pelea.

Comprometámonos todos también con nuestros objetivos. Escribámoslos, digámoslos en voz alta y compartámoslos con las personas en las que confiamos. Expongámoslos y hagámoslos públicos, para que no tengamos que dar explicaciones una y otra vez y no nos distraigamos. Y luego, podemos ponernos a trabajar para hacerlos realidad.

Encuentra la diversión

Cuando pienses hacia dónde quieres que vaya tu vida y cómo vas a ser más poderoso, encuentra algo que en realidad te guste.

Si mi camino elegido fuera convertirme en *stripper*, me encontraría con un primer obstáculo: no hay nada en el tubo que me atraiga. Agarrar un tubo con los muslos, llevar solo un bikini, tener que mantener posturas con los dedos de los pies, ser sutil y que te salgan moretones en sitios privados… ¡No, gracias!

Es más probable que sigas trabajando en algo si es divertido. Si es agonizante y tedioso, no querrás hacerlo. Bastante obvio, en realidad.

Tomando en cuenta que esto ya es parte de tu vida, debería ser algo que realmente te guste hacer. Tiene que haber un lado positivo. No pretendemos salir de una prisión oscura y deprimente y dirigirnos a algún tipo de cámara de tortura donde nos sometan con regularidad a que nos extraigan las uñas de los pies o algo horrible.

Me gusta el boxeo, lo adoro, por eso puedo comprometerme y trabajar duro en ello. Quiero hacerlo todos los días, me hace sentir bien. El golpe de los guantes contra las almohadillas o la cara de alguien es encantador. Llámame rara, pero es genial.

Cuanto más te diviertas siendo poderoso, más probabilidades tendrás de seguir haciéndolo.

Desglósalo

Escribir un libro con miles y miles de palabras es un proceso largo e intenso. Es desalentador, ¡y no estoy segura de estar hecha para ello!

Intentar escribir un buen libro, con ideas de calidad y palabras largas, es aún más difícil, y, mmm, intentar escribir un libro decente que la gente realmente quiera comprar y disfrutar leyendo parece imposible. Es paralizante.

Una gran ambición u objetivo puede dar miedo. En lugar de avanzar y pasar a la acción, la gigantesca montaña de objetivos nos ensombrece, nos mantiene congelados por el miedo y nos abruma, de modo que no podemos movernos.

Hablando de montañas… Cuando éramos niños, mi padre siempre volvía de sus viajes de negocios con montones de chocolates Toblerone, ya sabes, las deliciosas tabletas de chocolate suizas con forma de montaña. Era una tradición.

Siempre nos alegrábamos de verlo, pero nos alegrábamos aún más de meternos en la boca tabletas gigantes de chocolate. Y de ese chocolate aprendí una valiosa lección de vida: ¿cuál es la única manera de comer un Toblerone gigante? De un trozo en un trozo. Si intentas conquistarlo todo de una vez, te romperás todos los dientes.

Lo mismo ocurre con nuestros grandes objetivos. Tenemos que dividirlos en trozos del tamaño de un bocado para no enloquecer y quedarnos por completo atascados porque a veces donde estamos ahora y donde queremos estar parecen dos puntos en un mapa increíblemente apartados.

Si tu objetivo es participar en los Juegos Olímpicos, ¿cuáles son las metas más pequeñas que podrías marcarte para llegar hasta allí? Fíjate en el camino y elige algunos puntos clave. «Haz una cosa a la vez». Quizá tu primer objetivo sea aprender las combinaciones básicas de puñetazos y realizar tu primera sesión de *sparring*. Después, tu siguiente meta podría ser apuntarte a tu primer combate amateur. Y así, paso a paso, hasta llegar a los Juegos Olímpicos.

La famosa aplicación «Couch to 5K» ha ayudado a miles y miles de personas a pasar de holgazanear en el sofá en ropa interior a correr cinco kilómetros y más. Un tipo llamado Josh Clark la creó porque quería ayudar a su madre a mantenerse activa y empezar a correr también. Para alguien que no corre, la idea de correr cinco kilómetros parece una tarea insuperable. Los corredores novatos suelen sentirse desconcertados y abrumados, no saben por dónde empezar; corren el riesgo de ir demasiado rápido y acabar con lesiones innombrables, o abandonar cuando las cosas se ponen difíciles. Pero cuando divides el objetivo en metas más pequeñas y alcanzables, como ser capaz de correr un minuto cada vez, luego cinco tres veces a la semana durante nueve semanas, aumentando gradualmente, ves un progreso real y no hay nada más motivador que progresar.

El hecho de que todo esté planificado significa que no tienes que preguntarte qué hacer cada día, ya todo está decidido. Así, hay menos posibilidades de quejarse, flaquear o tirar la toalla sudada del gimnasio. El sistema se diseñó para ayudarte a tomar medidas constantes hacia el objetivo final de correr 5 000 m enteros sin detenerte para sentarte, comerte un bocadillo de tocino y tomarte un café con leche deslactosada.

El hecho de dividir tu objetivo en pequeños pasos no te impide alcanzar tu sueño, podrás correr un maratón o boxear en los Juegos Olímpicos; ganar un millón o tener esa presentación impresionante. Seguirás comiéndote la barra entera de Toblerone, de lo que se trata es de hacer el proceso más manejable.

La sensación de logro que obtendrás cuando alcances cada uno de los pequeños grandes pasos te hará seguir adelante a través de los altibajos y giros de tu viaje. Alcanzar objetivos es motivador, te hace sentir bien y aumenta tu confianza. Además, puede que incluso consigas estrellas de oro, estampas o premios por el camino. ¡Yeiii!

Démonos la oportunidad de tener esa sensación tan agradable más a menudo.

Pasitos de bebé

Soy bastante tímido y también me gusta hacer cosas en las que tengo un poco de tiempo para pensar primero lo que digo.

ROBERT PATTINSON, actor[2]

Las personas tímidas tienden a tardar más en entrar en calor en situaciones nuevas e inciertas, y avanzar hacia nuestros objetivos es, por definición, algo nuevo e incierto, así que apoyémonos en el hecho de que preferimos un enfoque lento y constante, no queremos sufrir un desgarro o hacernos daño. Lanzarse a situaciones de pánico no hace feliz a una persona tímida. Estoy segura de que todos nos hemos visto empujados a hacer cosas que no queríamos, y aún hoy llevamos las cicatrices, así que no hagamos eso, no queremos asustarnos tanto como para no volver a intentarlo.

Vayamos poco a poco. Fija tu objetivo en la primera marca y luego divídelo en pequeñísimos pasos de bebé, calculando las pequeñas cosas manejables que necesitas lograr en el camino hacia tu primer punto.

Todavía no soy poderosa, pero podría serlo.

TILLY, nueve años

Por favor, pásame un Kleenex.

No me presenté en el gimnasio lista para un combate, ni mucho menos. Ni siquiera pensé en la posibilidad de pelear, si lo hubiera he-

---

2 www.digitalspy.com/showbiz/a305524/robert-pattinson-im-a-shy-person/.

cho, no me habría atrevido a abrir la puerta del edificio. Créeme, pasé bastante tiempo sentada en el coche antes de entrar en el gimnasio.

A veces, el objetivo final es demasiado desalentador para siquiera contemplarlo. Así que en lugar de preocuparte por el formidable y aterrador resultado final, empieza por el primer paso. De a poquito. ¿Cuáles son las pequeñísimas cosas que tienes que hacer para alcanzar tu objetivo?

Un gimnasio de boxeo me parecía un entorno muy masculino y extraño y yo no representaba a la clientela habitual, me sentía demasiado vieja, gorda, fuera de forma, enclenque y débil para estar allí. Ir a las clases grupales me parecía por completo imposible. No tenía experiencia, ¿y si era pesadamente terrible y nadie quería ser mi compañero?

Estaba tomando decisiones restrictivas y haciendo suposiciones basadas en mis propias inseguridades, pero tenía muchas ganas de ir, así que era necesario encontrar la manera de prepararme.

Sabía que mi primer paso era asistir a las clases de boxeo en grupo sin sentirme demasiado cohibida, y para conseguirlo di muchos pasitos de bebé.

Durante unos meses me preparé haciendo sesiones individuales con un entrenador para mejorar mi forma física y mis habilidades, de modo que pudiera aguantar una hora entera de boxeo sin desplomarme. Tenía que aprender los golpes básicos y cómo ligarlos, y tenía que aprender los nombres de las cosas, para saber qué estaba pasando. Cuando sentí que era lo bastante buena como para no parecer una completa inútil, me sentí capaz de ir a las clases. Además, para entonces ya conocía a mi entrenador y a algunas otras personas, así que me daba menos miedo.

Admito que me toma cierto tiempo y doy muchos pasos para alcanzar cada una de mis marcas poderosas. Para una persona extrovertida y ruidosa, estos pasos pueden parecer tontos, lentos o inútilmente pequeños, pero no lo son.

Dar pequeños y constantes pasos hacia adelante para construir tu poderío equivale a masticar cada trozo de Toblerone. (Existen otras tabletas de chocolate enormes, y este capítulo no está patrocinado por Toblerone, aunque si quisieran enviarme un suministro de por vida, no me opondría).

Mientras los primeros pasos te hagan avanzar y sientas que progresas, lo pequeño es sensato. Por ejemplo, digamos que tu objetivo es ser capaz de asistir a eventos de *networking*. Empieza por cruzar la puerta y quédate media hora. Pero si dos años después te limitas a ir y platicar con tus dos acompañantes, entonces estás atorado. Los primeros pasos no son una excusa para la parálisis, tenemos que exigirnos lo suficiente. Es un equilibrio cuidadoso, y solo tú sabes cuánto exigirte. Coraje cómodo.

Nuestro viaje para ser más poderosos es constante, sin grandes sobresaltos ni dolor ni drama. La clave es tan solo seguir avanzando y seguir tomando medidas y pequeños riesgos, de forma constante, en dirección a tu gran objetivo hasta que lo consigas.

Hábitos poderosos

> *Somos lo que hacemos repetidamente. Por tanto, la excelencia no es un acto, sino un hábito.*
>
> ARISTÓTELES, filósofo

La excelencia es un hábito, como lavarse los dientes, beber suficiente agua, lavar la ropa o ir al gimnasio.

Según los estudios, se tarda entre dos y ocho meses en crear un hábito, pero una vez que se ha creado, se mantiene. Y casi sin que nos demos cuenta, se va convirtiendo poco a poco, de forma sigilosa, en algo de verdad impactante. Hacer 100 sentadillas al día durante 100 días da lugar a unas nalgas de acero. Escribir una página al día durante 200 días conduce a un libro. Programar una línea de código al día durante 300 días conduce a un juego de computadora. Los pequeños hábitos, repetidos a diario o con regularidad, se convierten con el tiempo en algo grande y brillante.

Da el *primer* paso

Hay todo un mundo ahí fuera, un mundo de infinitas oportunidades, diversión, emoción, éxito y reconocimiento, esperándote. Entonces, ¡adelante!

Eeek. ¿Por dónde empezar? Todos tenemos que empezar por algún sitio. Lo importante es hacerlo.

La atracción del sofá es fuerte, lo comprendo, lo sé, y está bien descansar y acurrucarse. A veces necesitamos sentirnos seguros, cómodos y apapachados, el problema es que la llamada de la comodidad puede ser más fuerte que el deseo de ser más poderoso, y acabas atrapado en el sofá bajo una manta maloliente durante más tiempo del estrictamente higiénico.

Y claro, no hay riesgo si estás calientito bajo tu mantita. Nadie puede acercarse a ti, estás a salvo y libre de juicios y críticas, pero tampoco hay recompensa. Es una existencia muy pequeña y acabas ulcerándote en un estado semicomatoso con una caja de pizza en equilibrio sobre tu estómago y migajas donde no debería haberlas.

Todos sabemos lo difícil que es levantarse del sofá una vez que has pasado una eternidad allí, holgazaneando; acabas dejándote caer al suelo como bulto. No es muy elegante.

Entonces, ¿cuál es la solución? ¿Rendirte y quedarte en el sofá? ¿No hacer nada? No. ¿Hacer algo? ¿Cualquier cosa? Sí.

El primer paso es el más difícil: tomar la decisión de entrar en la competencia, descargar la descripción del puesto, responder a la invitación, sonreírle a alguien, ponerse los patines, enviar el texto, inscribirse a la primera clase. Empieza poco a poco, ¡pero empieza!

Tanto si quieres empezar a hablar en las reuniones, como si quieres conseguir un ascenso, volver a tener citas o empezar a cantar en un grupo, da el primer paso. Luego, después de eso, darás el siguiente paso, y el siguiente.

¿Cuál será tu primer paso?

Haz el trabajo

Todo el mundo es tímido: es la modestia innata la que nos hace capaces de vivir en armonía con otras criaturas y con nuestros semejantes. Los logros no se consiguen negando la timidez, sino, en ocasiones, dejándola a un lado y permitiendo que el orgullo y la transpiración sean lo primero.

KIRKPATRICK SALE, autor

Hay un dicho en el boxeo: «Entrena duro, pelea fácil». Se explica por sí solo. ¡Haz el maldito trabajo!

Piensa que trabajar tu timidez y hacerte más poderoso es como desarrollar tus músculos de la valentía. Si quieres tener un trasero de durazno, unos abdominales de acero o unos pectorales enormes, tendrás que ir al gimnasio y ponerte a trabajar con regularidad.

Así, gradualmente, poco a poco, desarrollarás esos músculos hasta que estés por completo hecho polvo y tu ropa deje de quedarte. El entrenamiento es agotador. Todos esos saltos, todos esos rounds, todos esos gruñidos y todo ese sudor. Es un trabajo duro, pero los boxeadores no se quejan ni lloriquean, tan solo se ponen a trabajar. Bueno, si quieren tener éxito, lo hacen. No hay atajos.

No se trata de un cambio de imagen de poderío extremo en el que salimos tras una cortina totalmente renovados, pareciendo una versión bastante más plastificada de nosotros mismos. No hay píldoras mágicas ni revestimientos extremos. No puedo agitar una varita mágica y transformarte en una bomba con un rápido movimiento y un poco de palabrería.

¿Y por qué querrías eso? Estamos aceptando nuestra timidez, recuerda, nos adueñamos de ella, así que no quieres una lobotomía frontal completa, ¿verdad?

Cuando estás construyendo tus poderosos músculos necesitas comprometerte a ser consistente. La tentación es empezar algo, intentarlo un poco y luego dejarlo. De hecho, eso es lo que hace la mayoría de la gente cuando intenta alcanzar un objetivo.

Cuatro visitas al gimnasio en un año no marcarán la diferencia. Trabajar tus poderosos músculos un par de veces aquí y allá no conseguirá precisamente nada, lo cual, por supuesto, te da la excusa perfecta para dejar de intentarlo.

Sin trabajo duro y compromiso, estás destinado al fracaso. No necesitas ser más extrovertido, más seguro de ti mismo, más afortunado o una persona diferente para triunfar en tu misión de poderío, eres perfecto tal como eres, solo necesitas hacer el trabajo. Si quieres desarrollar tus músculos poderosos y volverte tímido y poderoso, tienes que dar pequeños pasos casi todos los días hasta que forme parte de tu vida, hasta que tu cuerpo y tu cerebro sepan qué hacer, de forma intuitiva, como una poderosa memoria muscular.

La mayoría de la gente no se molesta ni hace el esfuerzo. La mayoría inventará todo tipo de excusas baratas para justificar su falta de esfuerzo. Les desanimará el hecho de que los resultados tarden en llegar y que no se transforman al instante, como un filtro de Instagram.

Pero tú no eres así, tú no eres la mayoría de la gente, eres tímido y poderoso y te comprometes contigo mismo; te pones en primer lugar asumiendo la responsabilidad de tus resultados. Además, priorizas tus necesidades, entiendes que el progreso lleva su tiempo y lo único que importa es tu dedicación a ti mismo y a tu poderío.

La fuerza es tu vida ahora, así que tenemos que trabajar para respaldarlo. La fuerza está dentro de ti, es lo que eres, y como alguien tímido y poderoso, esto es lo que haces. Simple.

No te rindas

Mi primera sesión de *sparring* me asustó. (El *sparring* es como una pelea de práctica en la que sí hay golpes, pero no es a matar). A pesar de todo el trabajo con colchonetas y saco que había hecho, nunca me habían pegado, así, tal cual, un puñetazo en la cara. (No creo que eso sea particularmente sorprendente, ¿verdad?).

Era alarmante. Cuanto más me asustaba, más me golpeaban. Me sentía abrumada y no conseguía salir del peligro. No me estaban haciendo daño, pero los golpes eran demasiado rápidos y potentes y sentía que no podía respirar.

Tenía ganas de llorar. Una parte de mí tenía ganas de dejarlo todo y no volver a hacerlo nunca más. Pensé en dedicarme a un deporte más tranquilo, como el bordado.

La verdad es que era imposible que se me diera bien el *sparring* la primera vez que lo intentaba porque nunca había hecho nada parecido. Aun así, quería huir y esconderme en el baño por al menos una semana. Cuando saliera a escondidas, en mitad de la noche, me iría a casa y no volvería a hablar de ello.

Tenía dos opciones: rendirme y olvidarlo o seguir adelante y mejorar. Hablé con mi entrenador y averiguamos qué había fallado. Dedicamos tiempo a asegurarnos de que podía manejar ese tipo de presión con más eficacia y a mejorar las cosas que no funcionaban. (Cosas bastante fundamentales, como bloquear golpes y apartarse del camino).

Cuando intentamos algo una vez y resulta difícil, no es razón para no volver a intentarlo. No habrá un «¡ay de mí!», abandonado, sintiendo pena por nosotros mismos... No mientras yo vigile. Cuando nos presionamos demasiado a nosotros mismos y actuamos para que las cosas no salgan perfecto a la primera, tenemos la cláusula de escape ideal. Si decidimos que se acabó el juego cuando las cosas se ponen un poco difíciles, acabaremos por no hacer nada en absoluto. Ya ves cómo este tipo de pensamiento nos lleva a quedarnos en casa bajo una manta.

Cuando las cosas van mal, lo importante es aprender de lo sucedido y seguir adelante. El pelo revuelto, las partes sudorosas, el ego magullado y alguna hemorragia nasal no son motivos para meterse en la cama y no volver a salir de casa.

Cómete el helado

Cuando las cosas vayan bien, acepta que fuiste poderoso. Disfruta de tu gloria, admira tu trabajo y, por supuesto, celébralo con pastel y helado. En cuanto termine este capítulo es lo que haré.

Nos merecemos lo mejor. Somos magníficos en nuestro poderío y, sin embargo, tendemos a menospreciar nuestros logros; ignoramos nuestros éxitos y asumimos que solo ocurrieron por accidente o porque alguien más hizo algo, o que hubo todo tipo de factores aleatorios en juego que no tuvieron nada que ver con nosotros. Si conectamos con alguien deslumbrante en una fiesta, asumimos que solo nos habla por lástima o para llegar a nuestros amigos. Si nos seleccionan para un reconocimiento en el trabajo, lo atribuimos a un error, a algún tipo de descuido o al hecho de que otra persona no se presentó. Si recibimos comentarios agradables sobre nuestro trabajo, les restamos importancia. Sé que yo lo hago. También hago una especie de mueca, me sonrojo y me comporto como una boba, le digo a la gente que no es para tanto, que le podría haber pasado a cualquiera.

Excepto que *sí es para tanto*. Somos encantadores y tenemos talento y estamos haciendo cosas grandes y valientes. Somos dignos de elogio.

Puede ser que gritarlo a los cuatro vientos, contratar una banda de música y a un equipo de porristas o hacer que un avión escriba nuestro nombre en el cielo no sea nuestro estilo, pero cuando consigamos grandes cosas, deleitémonos con ellas, aunque sea por un minuto o dos.

Disfrutemos de la gloria de nuestro éxito, en silencio, por supuesto.

MISIÓN PODEROSA

Tu última gran misión es comprometerte a dar el primer paso.

Tenemos tendencia a pensar demasiado y a quedarnos atorados en nuestra propia cabeza, preocupándonos por lo que pensará la gente, o si seremos lo suficientemente buenos y todas esas cosas. Pero hoy no, hoy vas a dar el primer paso para ser tímido y poderoso. Tu primer paso puede ser pequeño, muy pequeño. La clave es la acción.

Paso 1: Escribe tu primer paso.
Paso 2: Deja este libro.
Paso 3: Ve y HAZLO.

CONSEJOS CLAVE

Socialización y citas

- **Lo viejo y lo nuevo.** Nos sentimos tímidos en situaciones nuevas e inciertas, así que asegúrate de compensarlo con cosas conocidas: propón ir a algún sitio en el que hayas estado antes; ponte algo que te hayas puesto muchas veces; toma la ruta que te resulte más familiar. Conocer a una persona nueva es suficiente novedad por un día.

- **Ayuda a los demás.** Trabajar con un propósito nos ayuda a aplastar nuestros miedos. Participa como voluntario en tu comunidad local, ayuda en una escuela, trabaja en una tienda de beneficencia, organiza una venta de pasteles. Enfocarte en hacer el bien también te hará bien a ti.

- **Ojos y oídos.** Selecciona métodos de socialización que puedas disfrutar en silencio y enciende tus otros sentidos. Ve una película, asiste a ver a una banda, visita una galería, cuando acabe el espectáculo, tendrán mucho de qué hablar.

- **Toma precauciones.** Antes de salir, ponte en plan estratégico: come algo por si te pasas con la bebida; usa un buen desodorante y elige ropa cómoda y zapatos que no fallen. Lleva colores oscuros que no dejen ver las manchas de sudor. Si tienes tendencia a ruborizarte, lleva un escote alto. Planifica con antelación para reducir el riesgo de caídas.

- **Zona de amigos.** Si te preocupa salir sola a escena, no lo hagas, pídele a un amigo que te acompañe o a una pareja si es una cita, pero elige bien, escoge a gente con la que te sientas muy a gusto, que piense en lo mejor para ti y que sepa cómo ayudarte a brillar.

- **Siéntete cómodo.** Siéntete seguro y cómodo cuando estés socializando. Puede que una manta de lana sea ir demasiado lejos, pero los tejidos, las botas de piel, una bufanda de cachemira, un suéter esponjoso o tu chamarra favorita te ayudarán a relajarte y te darán una sensación de bienestar.

- **Alerta tímida.** No serás la única persona tímida de la sala. Busca a otras personas tímidas que estén solas, al acecho en el borde, apoyadas en la barra, escondidas en la cocina... Búscalas —después de todo, ya conoces las señales— y estén incómodas juntas, se alegrarán de haberlo hecho.

- **Ábrete.** Piensa en tu lenguaje corporal, no te cruces de brazos, no te encorves y, por el amor de Dios, sonríe. Si te muestras abierto y feliz, es más probable que la gente se acerque a hablar contigo.

- **Sé curioso.** Si no sabes qué decir, pregunta. Haz preguntas abiertas, a la gente le encanta hablar de sí misma y de sus pasiones, así que, en lugar de preocuparte por lo que vas a decir a continuación o por si lo estás haciendo bien, escucha de verdad lo que dicen los demás. Y después haz más preguntas. Eso sí, no te pongas demasiado intenso; lo que pretendemos aquí es ser atentos, no convertirnos en la Inquisición española.

- **Presta atención.** Céntrate en las personas con las que estás, demuéstrales que te importa que se la pasen bien. Dedícales toda tu atención, haz que se sientan cómodos y asegúrate de que tienen todo lo que necesitan. Demuéstrales que son importantes para ti.

- **Espera desorden.** La vida no es un cuento de hadas: las cosas salen mal, el vino se derrama, los espaguetis son difíciles de comer en buena compañía. Todos tropezamos a veces con nuestros pies y pisamos los de otros. Prepárate para reírte de ti mismo y acepta que las relaciones son complicadas y que cuando dos personas chocan, suelen hacerlo.

- **Unas palabras tranquilas.** Si te apetece hablar con alguien nuevo, espera a que sea un momento tranquilo, quizá cuando esté solo o alejándose de un grupo.

- **Mirar y apartar la mirada.** El contacto visual prolongado puede resultar incómodo. La buena noticia es que no se trata de un concurso de miradas, la idea es mantener el contacto visual un momento, sonreír y luego apartar la mirada. Tierno. Y si te pones nervioso, te ruborizas o se te traban un poco las palabras, no te asustes, son reacciones normales cuando estás con alguien que te gusta.

- **Es mejor saber.** Si invitas a alguien a salir y te dice que no, gracias, no asumas que es porque eres un completo perdedor que nunca conseguirá a nadie, podría ser simplemente que no hubo chispa o que ahora mismo esa persona no esté buscando pareja, es mejor saberlo ahora que meterse en líos y descubrirlo más adelante.

- **Recuerda tus poderes extraordinarios.** Tienes habilidades que te convierten en un excelente compañero: sintonizas con la otra persona, escuchas, te preocupas, eres considerado. La capacidad de hablar sin parar y llenar todos los huecos con bromas ingeniosas no es lo más importante en una relación.

- **Con delicadeza.** La mayoría de nosotros somos tímidos con la gente que no conocemos bien, pero a medida que vayas conociendo a los demás empezarás a sentirte a gusto. Recuerda que, aunque al principio te sientas tímido, a medida que se desarrolle la relación, te irás sintiendo cada vez más cómodo, tu timidez no durará para siempre.

- **Todos ustedes.** Tu tipo de persona te querrá por lo que eres, le encantará todas tus facetas, incluida tu timidez. No ocultes tu verdadero yo, tu sinceridad te hace aún más adorable.

Entrevistas de trabajo

Preparación para la entrevista

- **Analiza la descripción del puesto.** La clave del éxito reside en comprender lo que busca el empleador, y todo está en la descripción del puesto. Pon en práctica tu capacidad de análisis e intenta extraer cada una de las competencias que buscan, enuméralas y, a continuación, determina qué experiencias y éxitos tuyos se relacionan con cada una de ellas. Intenta encontrar algunos ejemplos que puedas exponer cuando te pregunten.

- **Profundiza.** Averigua todo lo que puedas sobre la empresa antes de la entrevista. Analiza sus éxitos recientes, las tendencias del sector y los retos que puedan estar afectando a la compañía; consulta informes recientes, *white papers*, publicaciones, revistas especializadas, y artículos de prensa. Demuestra que sabes de lo que hablas, demuestra compromiso, preparación y profundidad de pensamiento, cosas que se te dan muy bien.

- **Responde a esto.** Piensa en todas las preguntas que te han hecho en entrevistas anteriores. ¿Qué notas? Son bastante parecidas: ¿por qué quieres trabajar para nosotros? ¿Cuál es tu mayor debilidad? ¿Dónde te ves dentro de cinco años? Bla, bla, bla. Prepara respuestas a estas preguntas clásicas para que no te agarren desprevenido.

- **Ten un portafolio.** Si tiendes a paralizarte o a avergonzarte cuando te preguntan por tus logros, ¿por qué no llevas un portafolio profesional a tu entrevista para estar más tranquilo? Prepara un resumen de una página para la portada de la carpeta con una breve descripción de tus cinco a 10 principales logros profesionales. Detrás del resumen, incluye ejemplos de tu trabajo, casos prácticos, premios o reseñas que sean relevantes para el puesto. Ser capaz de hablar de tus logros sin avergonzarte o sufrir un bloqueo cerebral temporal te facilitará —literalmente— demostrar a tu entrevistador lo increíble que eres.

- **Prepara las reflexiones finales.** Sabes que te van a comentar si tienes alguna pregunta al final de la entrevista, así que prepárate algunas. Ten al menos cinco (ya sea en tu mente o escritas en una tarjeta) y asegúrate de que sean relevantes para la organización. Nada de silencios incómodos ni de improvisar.

- **Ensaya.** Practica tu técnica de entrevista con un amigo de confianza, alguien que sepa lo que hace y tenga tiempo para hacer una entrevista completa contigo varias veces. Tómatelo en serio, no te andes con tonterías. Pídele que te haga preguntas y practica las respuestas.

- **Vístete para triunfar.** Planifica tu atuendo con antelación para que no te entre el pánico el día de la entrevista. Elige algo elegante, que te siente bien y que sea cómodo. Asegúrate de que puedas sentarte sin problemas y de que no muestres demasiado. Y evita los colores que dejen ver las manchas de sudor, nada de camisas azul claro, bajo ningún concepto. Si llevar corbata o tacones te hace sentir más fuerte y seguro, llévalos. Asegúrate de que todo está lavado y planchado, listo para el gran día. No te olvides de los pequeños detalles: lustra tus zapatos y lleva las uñas arregladas, querrás que parezca que te esforzaste.

- **Planifica el trayecto.** Para evitar el pánico o los problemas de tráfico de última hora, planifica la mejor manera de llegar a la entrevista, dejando mucho tiempo libre por si acaso. El objetivo es evitar retrasos y estrés, para llegar pronto, tranquilo y sereno.

- **Prepara un kit de emergencia.** Nada debe hacerte descarrilar. Debes estar más preparado que un *boy scout*, así que mete un par de medias de repuesto o una corbata en la bolsa, por si tienes un percance. Llévate curitas si te preocupa que tus zapatos puedan rozarte. También un cargador de teléfono de repuesto, una botella de agua, un paquete de pañuelos. Piensa en el futuro, si tienes todos los riesgos cubiertos, podrás centrarte en deslumbrar en la entrevista.

El gran día

- **Llega temprano.** Para evitar que cunda el pánico, llega antes al lugar de celebración. Tómate unos minutos para relajarte, acostumbrarte al entorno, ordenar tus pensamientos y ponerte cómodo.

- **Respira para mantener la calma.** Acuérdate de respirar. Mientras esperas y durante la entrevista, puedes utilizar la respiración para calmarte y estabilizar la voz. Si sientes que te entra el pánico antes de la entrevista, prueba inhalar y exhalar cinco o seis veces para regular la respiración y conseguir una sensación de serenidad. Si te sientes estresado antes de responder a una pregunta, respira hondo antes de hablar, esto te ayudará a ordenar tus pensamientos y evitará que divagues. Recuerda que el cerebro y el cuerpo necesitan oxígeno para funcionar.

- **Siéntate erguido.** Una buena postura da impresión de confianza. Si te echas hacia atrás en la silla con los brazos cruzados, parecerá que no te importa y que no quieres el trabajo. Si te desplomas en el asiento, con los hombros encorvados, parecerás nervioso y falto de confianza. Imagínate un hilo que pasa por la parte superior de tu cabeza hacia el techo, manteniendo la columna recta y haciéndote más alto. Inclínate hacia el entrevistador para demostrarle que estás interesado en la conversación y que realmente quieres el trabajo.

- **Verdadera conexión.** Está claro que mirarse las manos durante la entrevista es más cómodo que mirar al entrevistador a los ojos. Sin embargo, si quieres conseguir el trabajo, tendrás que establecer una conexión. El objetivo es demostrar que eres una persona amable, que sabes llevarte bien con la gente, que te interesa lo que dicen y que estás contento de estar allí. Si no te resulta natural hacerlo, prueba llevar algo sutil en las manos, como esmalte de uñas o mancuernillas para que, cuando las veas, recuerdes que debes levantar la vista, establecer contacto visual, asentir y sonreír.

- **Sin prisas.** Antes de responder a una pregunta respira, habla más despacio de lo que crees que deberías y haz pausas de vez en cuando. Responder nerviosamente como quien tiene diarrea verbal no te va a dar el puesto.

- **Termina bien.** Es importante que el entrevistador se lleve una buena impresión final. Si te vas arrastrando los pies, murmurando y con cara de preocupación, te estás haciendo un flaco favor. En lugar de eso, ¡una vez más!, mantén el contacto visual, sonríe, estrecha la mano con firmeza y dile que te ha gustado conocerlo y que te encantaría tener la oportunidad de trabajar con él o ella.

Hablar en público

- **Planea qué te vas a poner.** Planifica tu atuendo con anticipación. Asegúrate de que se ve bien desde distintos ángulos, sobre todo desde arriba y desde abajo, y es mejor cubrirse que revelar demasiado sin querer. Elige algo que te parezca apropiado y te haga sentir cómodo y tú mismo. Si te sientes seguro vistiendo de negro, resiste la tentación de vestirte con algo extravagante. En lugar de eso, tan solo anímate con un par de accesorios coloridos. Cuando hayas elegido algo, pide una segunda opinión para estar seguro.

- **Nada de juguetear.** Evita las joyas o accesorios que te inciten a juguetear nerviosamente. Recógete el pelo para no jugar con él y, si te sientes inquieto, intenta juntar las manos como alguien que está ocupado y concentrado en lo que tiene entre manos.

- **Tu porqué.** Explica por qué subes al escenario. ¿Por qué estás hablando? ¿En la vida de quién quieres influir? Si no te atreves a dar tu discurso, ¿cuáles serán las consecuencias? ¿Quién se lo pierde? Saber que cambiarán vidas, aunque solo sea en pequeña medida, nos ayuda a afrontar nuestros miedos. Dar una charla no es solo mover la boca como una marioneta de los Thunderbirds, debe haber emoción y pasión en lo que dices. Haz buen uso de tus superpoderes sensitivos e intenta conectar con la razón que hay detrás de tus palabras.

- **Busca pruebas.** ¿Es lo más aterrador que has hecho nunca? Lo dudo. ¿Qué hay de la vez que tuviste un bebé? ¿De cuando dejaste tu trabajo? ¿Cuando saltaste del bungee? ¿Sacaste a esa araña de la casa? ¿De cuando te mudaste a otra ciudad? ¿Pediste ayuda? Haz una lista de tres cosas valientes y poderosas que has hecho antes y luego dite a ti mismo: «Sé que puedo hacer esto porque hice aquello».

- **Casa de naipes.** Escribe tus notas en tarjetas pequeñas. Intenta que cada tarjeta contenga algunos puntos clave, nada de frases largas, no se trata de leerlas textualmente. Las notas largas son muy tentadoras, pero te perderás y te pasarás todo el tiempo leyendo con la cabeza agachada, tienes que ser capaz de echar un vistazo a las tarjetas y saber al instante lo que quieres decir. También es buena idea atar las tarjetas con un cordón para que no se caigan al suelo ni se desordenen.

- **Repasa lo que vas a decir.** Ensaya tu discurso muchas veces frente al espejo. Repasa una y otra vez hasta que te lo sepas de memoria. Luego, cuando estés preparado, ensaya también delante de un amigo. No se trata de recitar de memoria ese día (a menos que quieras parecer un robot), pero saber que las palabras están grabadas en tu cerebro te dará una capa de seguridad añadida, un poco de respaldo en caso de que aparezcan los nervios.

- **Estación de hidratación.** El agua es tu arma secreta para hablar, y beberla a sorbos te ayudará a calmar los nervios y a evitar que se te seque la boca, para que tus palabras no se queden atoradas en el papel de lija de tu lengua. Además, tomar un sorbo de agua te da un momento para hacer una pausa, pensar y ordenar tus ideas. ¡A escondidas! Pero no te pases. Utiliza una botella o un popote, y bebe pequeños sorbos de forma delicada para limitar el riesgo de ahogarte mientras hablas.

- **Aprópiate.** Si tienes ansiedad o es la primera vez que hablas en público, no pasa nada por decirlo: «Estoy un poco nervioso, pero lo que tengo que decir es importante, así que estoy superando mis miedos». Además de ayudarte a sentirte más cómodo, compartir tus sentimientos con el público te ayudará a conectar con él a un nivel más profundo.

- **La gente quiere que triunfes.** El público te apoya, quieren que te vaya bien. Básicamente, estás ante un enorme grupo de animadores que te alientan, incluso si el público ya conoce el contenido de lo que estás diciendo, les estás dando la oportunidad de reforzar sus conocimientos.

- **Un nuevo giro.** Si te cuestionas tu nivel de experiencia y el síndrome del impostor te tiene agarrado por el cuello, es hora de ser realista: tú eres la mejor persona —y la única— que puede ser tú. Al compartir tu historia, tus experiencias y tu perspectiva personal, presentarás la información de una forma totalmente nueva.

- **Juega al triángulo.** Para evitar sentirte abrumado por un mar de caras en el público, elige tres amables y sonrientes para hablarles. (Si te preocupa que nadie sonría, siempre puedes pedirles de antemano que te sonrían). El contacto visual te ayudará a conectar con el público y evitará que te quedes absorto mirando el suelo o tus notas. Elegir a una persona al fondo y a otra a cada lado del público te ayudará a desplazar la mirada y dará la impresión de que dominas la sala.

- **¡Mmmm… No!** Si no estás seguro de cómo responder a una pregunta, en lugar de decir «Mmm» o poner cara de asombro, utiliza una frase como «Buena pregunta» o «Necesito un momento para estructurar mis pensamientos» para ganar un poco de tiempo.

Juntas y trabajo

- **Fomenta la creación de redes en línea.** Las plataformas en línea que crean una red social para organizaciones con chat y *feeds* de actividades ayudan a la gente a mantenerse al día. A las personas tímidas nos gusta comunicarnos por escrito, así que este tipo de cosas nos viene bien. Los métodos alternativos de retroalimentación, como el uso de documentos compartidos y herramientas de colaboración, reducen nuestra dependencia de la comunicación verbal *in situ*.

- **Gestiona mejor las reuniones.** Para resolver los problemas más complicados y generar las mejores ideas, las organizaciones necesitan una mezcla de personalidades, estilos de pensamiento y preferencias. Sin embargo, cuando la gente se reúne y empieza a comunicarse, a menudo no se toman en cuenta las voces más silenciosas. Y cuando se trata de aire caliente soltado *ad infinitum* por personas a las que les gusta demasiado el sonido de su propia voz, las juntas tienen mala fama. Si tus reuniones son ruidosas y disfuncionales, es hora de hacerlas más inclusivas y, por tanto, más productivas.

- **Habla.** Como directivo, si sabes que alguien tiende a dominar las juntas o a hablar por encima de los demás, debes hablar con él o ella. Habla con esa persona en privado y dile que, por el bien del equipo y de sus resultados, quieres asegurarte de que todo el mundo sea escuchado.

- **Defiende.** Si las reuniones se convierten en una pelea, sugiéreles que prueben un nuevo método, como un palo, un oso, una pelota o un sombrero parlantes: elige un objeto, preferiblemente que no sea un pan dulce o un panqué de nata, al fin y al cabo no es una batalla campal. El oso, la pelota o el sombrero se pasan de mano en mano y solo puede hablar la persona que lo tiene. Fomentar este tipo de estructura beneficia a todos, no solo a las personas tímidas.

- **Da prioridad a la preparación.** Distribuye el orden del día de las reuniones con anticipación. Da a las personas tímidas la oportunidad de prepararse y pensar de antemano. ¿A quién no le gustaría que su gente acudiera preparada a una junta? No se trata de un ejercicio de improvisación o un juego donde la idea es soltar la mayor cantidad de tonterías bajo presión.

- **Desglósalo.** Estoy segura de que todos hemos asistido a reuniones y lluvias de ideas mal dirigidas en las que las mismas personas gritan sus terribles sugerencias, mientras los demás participantes permanecen sentados en un silencio atónito. Este método gritón y tormentoso no genera las mejores ideas, es un hecho. Es más eficaz dividirse en grupos más pequeños, de hasta cuatro personas, con un secretario por grupo. Puede que descubras chispas de genialidad.

- **Reflexiona.** Si todo el mundo habla por encima de los demás, no hay mucho que pensar. Después de la reunión, o antes, hazle saber a la persona responsable que te gustaría reflexionar un poco más, en lugar de sacar conclusiones precipitadas, y que volverás ese mismo día con algunas ideas o recomendaciones.

- **Con antelación.** También puedes sugerir que, en lugar de un «todos contra todos», se haga una reunión de equipo en la que las cosas se presenten con anticipación y se plasmen en un documento compartido que el responsable o el moderador revise. De todos modos, si se hace con antelación, será más fácil estructurar la reunión. Puede que incluso resulte que no es necesario tener una junta o que puede limitarse a unos minutos.

- **Utiliza el silencio como punto fuerte.** Prueba nuevas técnicas de comunicación, como las reuniones silenciosas, de las que Amazon es pionero. En las juntas silenciosas, en lugar de solo hablar, la mayor parte del tiempo se dedica a trabajar. Se dedican cinco minutos a revisar el resumen, unos 20 a pensar y hacer, e incluso a comentar por escrito un documento compartido, y luego se reagrupan para informar. La gente tiene tiempo para pensar y el trabajo se hace. Parece un sueño, ¿verdad?

- **Aprovecha el anonimato.** Abre la puerta a la innovación y mantenla entreabierta invitando a la gente a enviar ideas y comentarios de forma anónima, a través de un buzón de sugerencias. Elimina los prejuicios permitiendo el anonimato, de modo que se tomen en cuenta todas las ideas, independientemente del estatus, el cargo o la apariencia de la persona que las sugirió.

- **El poder de lo personal.** El cara a cara es una forma maravillosa de animar a la gente a compartir sus ideas; sin embargo, en lugar de confiar en que superen la timidez y sean capaces de hablar delante de un grupo, ofréceles a los asistentes la posibilidad de compartir sus ideas, uno a uno, por correo electrónico o chat, antes o después de una reunión. Puede que descubras un potencial que hasta ahora había permanecido en silencio.

- **Tener una reunión de grupo.** Discutir o trabajar en un proyecto en un grupo pequeño es innegablemente más tranquilo y productivo que celebrar reuniones grandes y ruidosas. Si las reuniones no son lo tuyo, reúnete de forma rápida con las personas más importantes.

- **Comparte el éxito de alguien de tu equipo.** Puede resultar incómodo hablar de tus propios logros, pero si hablas del esfuerzo del equipo y mencionas los logros de los demás, al tiempo que muestras discretamente que eras tú quien lo dirigía todo, resulta sutil y eficaz.

- **Haz equipo.** Si no te gusta compartir ideas con el grupo, haz equipo con alguien y compartan ideas en pareja. Empieza por estar a su lado mientras comparten sus esfuerzos combinados. Luego, con el paso del tiempo, empieza a decir algo y, poco a poco, dedica más tiempo a hablar hasta que solo seas tú.

- **Destaca el talento.** En lugar de confiar en que la gente se presente por sí misma a premios, concursos, artículos en la prensa u otras exposiciones, fomenta una cultura de nominaciones de modo que la gente celebre los logros de los demás.

- **Eres bienvenido.** Ayuda a los nuevos a adaptarse. Las personas tímidas necesitan tiempo para aclimatarse a una nueva situación o equipo. Si se cambian las cosas o se da la bienvenida a un recién llegado, ten en cuenta que necesitará un periodo de calentamiento. Cuando las personas tímidas se sientan cómodas, como en familia, les resultará más fácil hablar y participar.

- **Encuentra tu nicho.** Ten una idea de por qué quieres que te conozcan. No dejes que las cosas te sucedan sin más, busca oportunidades para brillar. Si no te gusta presumir de tus propios logros, quizá podrías ofrecerte a escribir un artículo para el sitio web. ¿O participar en un proyecto de voluntariado? Piensa en lo que funcionaría y trata de lograrlo en lugar de sentirte frustrado porque no quieres hacer lo que a los demás les parece fácil.

- **Consigue objetivos.** Ve con una intención definida a las juntas. Fíjate una misión poderosa para cada reunión a la que asistas. Quizá te propongas sonreír a tres personas, presentarte, decir una cosa o hacer una pregunta. Si alcanzas tu objetivo, no olvides darte una pequeña recompensa. Boom.

- **Toma nota.** Una preparación adecuada elevará el nivel de tus reuniones. No te límites a llegar y esperar lo mejor, haz la tarea y lleva contigo los puntos más destacados y la información de fondo. Sé una fuente fiable de conocimientos.

- **Madruga.** Entrar por la puerta tarde y agotado, con todas las miradas puestas en ti, no da buena imagen, intenta llegar unos minutos antes. Si eres de los primeros en llegar, la gente te saludará, podrás hacerte una idea de quién es quién y qué es qué, con calma y sin prisa.

- **Sé grande.** No solo cuenta lo que dices, el lenguaje corporal también es importante. Las personas tímidas tendemos a retroceder y encorvarnos, evitamos el contacto visual e inclinamos la cabeza, es como si intentáramos pasar desapercibidos. En lugar de encogerte, hazte más grande, extiéndete, pon los papeles delante de ti, apoya las manos en la mesa, siéntate recto, ocupa espacio.

- **Punto de precisión.** Ten en mente un resultado para la reunión: ¿hay algo concreto que te gustaría conseguir, una impresión que te gustaría causar, una pregunta que te gustaría que te respondieran o un tema sobre el que te gustaría llamar la atención? Escríbelo en un lugar donde puedas centrarte en ello durante toda la reunión.

- **Baja la vara.** Quítate la presión de ser perfectamente conciso, a las personas tímidas les cuesta hablar, mientras que a otras les cuesta dejar de hacerlo. En las juntas se dicen muchas tonterías, así que ten en cuenta los niveles de palabrería que nos envuelven a todos, y tenlo claro: no hace falta ser un maestro de la oratoria para tener voz.

- **Haz preguntas.** Si aún no has conseguido contribuir a la reunión y la ansiedad se apodera de ti, que no cunda el pánico. El primer paso para participar en la conversación es tan solo hacer una pregunta: pide aclaraciones, una opinión o los siguientes pasos.

Hacer una pregunta no solo es una forma de contribuir sin presiones, sino que además tiene el poder de centrar la conversación en lo que es realmente importante.

- **Aprovecha las pausas.** Cuando alguien termine de hablar, habrá una pausa, aunque solo sea de un segundo, y esa es tu oportunidad de hablar. Si esperas un silencio largo y prolongado o un redoble de tambores, puedes llevarte una decepción, y si los demás tienen tendencia a interrumpirse, tienes que aprovechar la ocasión o perderás tu momento.

- **Sé creativo.** Haz que las reuniones sean más productivas aprovechando todo ese tiempo de escucha y reflexión. La clave está en crear algo que vaya más allá de unas simples notas o actas, como un mapa mental, un formulario o una serie de preguntas clave. Elabora algo útil que puedas compartir con los demás participantes y demuestra tu poder.

- **Presta especial atención.** Aprovecha tu capacidad de escucha y, cuando todos los demás hayan terminado de divagar, aporta un punto de vista cuidadosamente meditado o una nueva perspectiva. «Después de escuchar las opiniones de todos, me parece que… o «Después de sopesar nuestras opciones, la mejor forma de actuar parece ser…». Sé la persona inteligente que resume y separa las albóndigas de los espaguetis.

- **Seguimiento.** Si no has conseguido decir todo lo que querías durante una junta, haz un seguimiento con las personas clave por correo electrónico. Demuestra que has reflexionado sobre el asunto, ¡que seguro que lo has hecho!

PALABRAS FINALES

A estas alturas ya conoces bien tu timidez. Como viejos amigos, se entienden. Claro que hay veces en que se irritan mutuamente, pero en general se llevan muy bien.

Has investigado lo que significa ser tímido, si naciste tímido o si surgió más tarde, y las cosas que pueden desencadenar tu timidez. Has hurgado un poco en tu cerebro y has visto lo que ocurre biológicamente cuando te sientes tímido.

Sabes que no estás solo, más de la mitad de nosotros somos tímidos. No estás roto, no necesitas que te arreglen. Sabes que el mundo necesita que alces la voz, y que tu voz importa.

Te haces cargo de tu timidez y por fin hablas de ella, aunque solo sea en un susurro. No necesitas cambiar de manera radical tu forma de ser, lo sabes y se siente bien. En lugar de eso, estás aceptando tu timidez y trabajando con ella. ¡Te sientes libre! Te has liberado de los juicios y has dejado a un lado las comparaciones. Y has empezado a preocuparte un poco más.

También es de esperar que seas más amable y compasivo contigo mismo, que te trates como tratarías a tu mejor amigo. Te estás cuidando, te sientes cómodo y seguro cuando necesitas descansar y recuperarte. Miraste hacia adentro y descubriste que eres más fuerte de lo que creías. Desenterraste tus tímidas habilidades y las estás poniendo a tu servicio. Tomaste el control de la situación, dando forma al mundo que te rodea. Empezaste a formar tu equipo de poder, porque sabes que, con las personas adecuadas a tu lado, eres poderoso. Estás listo para la acción. A partir de ahora vas a dar un paso al frente, salir de un segundo plano y aprovechar las oportunidades. Se acabó el que te pasen por alto o te infravaloren. Se acabó sentirse solo y frustrado. Se acabó el perderse algo. Se acabó ser invisible. A partir de ahora, sé invencible. Sé tímido… ¡y poderoso!

Nadia x

P. D. Si quieres saber más sobre el proyecto *El poder de la timidez*, reservar una sesión de *coaching*, enterarte de mi trabajo en escuelas y organizaciones, escuchar el pódcast «El poder de la timidez», o simplemente enviarme un mensaje, ingresa a www.shyandmighty.com. ¡Me encantará saber de ti!